Dolores Soler-Espiauba

TAXI A COYOACÁN

DIFUSIÓN

Centro de Investigación y Publicaciones de Idiomas, S.L.
C/Trafalgar, 10, entlo. 1ª - 08010 BARCELONA.
Tel. 93 268 03 0C - Fax 93 310 33 40
e-mail: editorial@difusion.com
http://www.difusion.com

Colección **"Venga a leer"**
Serie "América Latina"

Diseño de la colección y cubierta: Ángel Viola
Ilustraciones interiores: Paloma Soler-Espiauba

Reimpresión: 6 7 8 9 / 2006 2005 2004 2003

ECF
Producto
Ecológico

ISBN: 84-89344-40-X
Depósito legal: B-44.025-97
Printed in Spain por RaRo, S. L.

1

El avión comienza a aterrizar y David ve desde su ventanilla la cumbre del volcán Popocatepetl, totalmente cubierta de nieve. Abajo, casas y casas, calles y más calles, parques, barrios elegantes, barrios populares, carreteras atascadas por el tráfico... Está llegando a la segunda ciudad más poblada del mundo, una de las más altas también: México D.F.[1]

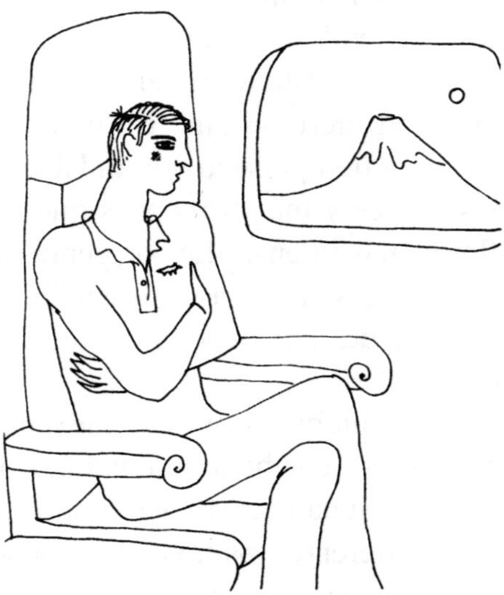

- *Abróchense los cinturones, mantengan derechos sus asientos y no fumen, por favor...*

Las azafatas comprueban si todos los viajeros respetan las indicaciones y David se pregunta cuánto tiempo hace que están sobrevolando la ciudad, que parece inmensa. ¿Cuántos kilómetros cuadrados puede tener? Las casas, las carreteras y los parques, cada vez más grandes, cada vez más cerca, desfilan bajo las alas del avión y de repente oye el ruido de las ruedas en el asfalto de la pista. Por fin está en México.

Baja del avión, se dirige con los demás pasajeros al control de policía y enseña el pasaporte; como español no necesita *visa*[2] de entrada y las formalidades no son complicadas. Avanza después hacia la recogida de equipajes y recupera su maleta (recuerda que a partir de ahora debe decir valija[3]) y sale del aeropuerto Benito Juárez a la luz de un día soleado y espléndido. Piensa que en Europa los días son ya más cortos, pues está terminando el mes de octubre y la luz ya no es tan fuerte ni tan viva como en esta parte del planeta. Hace un tiempo seco y agradable y los árboles le parecen más verdes y más frondosos que en España, el color de las flores más intenso. Le sorprende sobre todo la cantidad de gente que se agita a su alrededor y piensa que está en una ciudad de dieciocho millones de habitantes. ¡Qué vértigo!

Ve una parada de autobuses (piensa que a partir de ahora debe decir *camión*[4]) y se sube a un bus blanco y azul, que le lleva al centro de Ciudad de México, donde está su hotel.

Todo le parece diferente: los taxis, los coches (sabe que a partir de ahora deberá decir *carros*[5]), la vegetación, pero sobre todo la gente, muy diferente de la que vive en España. Su guía dice que de los 85 millones de habitantes que tiene el país, hay un 82 % de mestizos, un 10 % de indios y un 8 % de blancos. El centro está cerca, sólo a 13 kilómetros, pero la circulación es intensa y tardan casi 45 minutos en llegar. Piensa que debe ser difícil conducir en una ciudad tan enorme como ésta. Hay todavía más contaminación que en Madrid, observa al bajar del camión, porque el aire tiene un olor particular. Hay también mucho ruido, pues los coches (perdón, los carros) tocan constantemente la bocina.

En la recepción, una señorita morena y guapísima le dice:

-Vamos a *chequear* su reserva.

Y David piensa que va a tener que acostumbrarse a la omnipresencia del inglés en el español de México. La señorita añade que en el *closet*[6] de su habitación hay una caja fuerte para los objetos de valor: pasaporte, cheques, tarjetas de crédito, dinero, alhajas, etc. Y le da la llave.

El ascensor (que aquí se llama *elevador*, naturalmente) lo deja en el sexto piso y la ventana de su cuarto da a una calle céntrica, con edificios modernos y altos. Muy cerca del hotel, a solamente dos *cuadras*[7] hay un edificio importante con la bandera estadounidense en la fachada; comprende que es la embajada de los Estados Unidos. Delante de la puerta empieza una larga cola de gente que continúa tres o cuatro cuadras más arriba. El chico que le ha subido la maleta y le abre las cortinas le explica:

- Es para la visa, todos quieren marcharse al otro lado del Río Grande.

David le da una propina y se queda solo. Como es periodista, conoce muy bien las aventuras de los *espaldas mojadas*[8] a pesar de la existencia de *la migra*[9] y se pregunta si es una suerte o una desgracia el tener una frontera común con los Estados Unidos; pero sabe también que los Estados Unidos son la quinta potencia hispánica del mundo, detrás de México, España, Argentina y Colombia y, que actualmente, junto con México y Canadá forman una comunidad de intereses económico-políticos que se llama NAFTA[10], o TLC[11] en castellano...

Abre la maleta y empieza a ordenar su ropa en el armario... Pero antes de nada, lo primero y principal: una ducha. Ha pasado una mala noche en el avión y la diferencia de horario significa que aquí son las once de la mañana, pero para él son las tres de la madrugada. Tiene sueño y está cansado, por eso, tomar una buena ducha es lo mejor que puede hacer en este momento.

Después de ducharse, se afeita, se lava los dientes, se peina, se refresca con agua de colonia y se viste con ropa informal: unos pantalones vaqueros y una camisa blanca de algodón. Saca también de la maleta unas zapatillas de deporte, cómodas para andar, pues piensa caminar muchísimo por esta inmensa ciudad.

Termina de ordenar su ropa y sus cosas y saca por fin lo más preciado, lo más importante para él, la única razón de este viaje: un libro de arte; en la portada tiene el retrato de una mujer morena, con el pelo recogido en lo alto de la cabeza, unos grandes ojos oscuros y unas cejas muy pobladas y casi juntas, que parece mirarlo fijamente: Frida Kahlo.

2

Nunca ha visitado una ciudad a las tres y media de la mañana, pero piensa que no es el momento de dormir: debe aprovechar las dos semanas de vacaciones que le ha dado su periódico y piensa que es mejor vivir al ritmo del horario mexicano. Otro colectivo lo conduce al Zócalo, una plaza que es el corazón de D.F. La catedral y el Palacio Nacional construido por Hernán Cortés sobre las ruinas del palacio de Moctezuma son una belleza y decide empezar su visita por este último, que es también la sede del Gobierno federal.

A lo largo de una impresionante escalera que lleva al primer piso, los famosos murales de Diego Rivera describen la historia de México. Diego Rivera... "El compañero de Frida" -piensa-, "el gran depredador de mujeres, pero uno de los más grandes pintores mexicanos también". Y no sabe si debe odiarlo o admirarlo. Y sube despacio la escalera, contemplando las escenas que representan siglos de la historia del país. Piensa en Cortés, tan criticado por la historia, pero intenta imaginar, en el contexto de la época, a un pobre campesino de Extremadura que se embarca sin saber dónde va a llegar, ni cómo, ni cuándo, para encontrarse con uno de los mayores imperios del mundo... *Chapeau!* En aquellos tiempos no había ordenadores (perdón, *computadoras* aquí), ni Inter-net, ni E-mail... qué gente más valiente. A David le fascinan los amores de Hernán Cortés con la mexicana *Malinche*[12]; tiene que comprarse sin falta libros sobre esta historia... A lo mejor le interesa tanto porque él también está enamorado de una mexicana.

Las horas van pasando y David siente hambre; le da igual si para él es la hora del desayuno, del almuerzo o de la cena (¿tal vez de la merienda?) y se decide a entrar en una *taquería*[13]de la avenida 5 de Mayo. Se da cuenta de que las calles van de Norte a Sur y las avenidas de Este a Oeste y piensa: "como en Nueva York".

Conoce un poco la cocina mexicana, porque en España están de moda los restaurantes mexicanos y *tex mex*[14]. El restaurante es una cantina bastante popular y la chica (o sea, la *chamaca*[15]) que se acerca a servirlo es tan guapa como la recepcionista del hotel: lo más bonito son sus ojos negros, su pelo liso y negrísimo y sus dientes muy blancos.

- ¿Qué desea comer, señor?

A David le parece que los latinoamericanos son más corteses y respetuosos que los españoles y contesta:

- No sé... alguna especialidad de la casa.

- Pues tenemos para empezar un *guacamole* muy sabroso y ensaladas variadas... Luego, *tacos y enchiladas nomás*[16].

- ¿Me puede explicar cómo son los tacos? Nunca los he probado.

- Ahorita le digo... los tacos son *t*ortillas de maíz con un relleno de picadillo, o sea: carne, pimientos, chiles, *jitomates...* o también, rellenos de *frijoles*[17].

- Estupendo. Pues voy a tomar unos *tacos con picadillo* y de primero un *guacamole*.

- Los fines de semana tenemos *mole poblano,* la especialidad de la casa nomás, porque la patrona es de Puebla.

- ¿Y qué es eso?

- Bueno, eso es *purititita*[18]cocina mexicana... Una salsa hecha con chiles, ajo, jitomates, canela, clavo, pimienta, pasas, almendras y... ¡chocolate!

- Eso no me lo pierdo, el sábado vuelvo seguro.

- *Ándele*[19] pues, lo esperamos. ¿Y qué va a *tomar*?

- ¿Cómo que qué voy a tomar? Ya se lo he dicho.

La chica se ríe:

- Nosotros decimos *tomar* a lo que ustedes llaman *beber.*

- Ah, bueno, pues una cerveza bien fresca, tengo mucha sed.

- Le va a gustar la cerveza mexicana, seguro. Vuelvo *tantito*[20].

La cerveza llega enseguida: es buena y está fresca. Mientras espera la comida, David saca de su cartera una serie de fotografías, siempre de la misma mujer y las mira una por una: Frida con el pelo largo, Frida con el pelo corto, Frida con falda larga, Frida con pantalón, Frida con Diego Rivera, Frida con Trotski, Frida pintando, Frida sonriendo. David suspira y las guarda. En ese momento llega el camarero (le parece que aquí se dice *mesero)* con el guacamole. ¿Será tan bueno como el que hace su madre? Lo prueba. Sí, es tan bueno como el de su madre y más todavía, porque los sabores son más fuertes, más auténticos. Intenta identificarlos:

Aguacate, por supuesto, con zumo de limón, ajo, tomate maduro y cilantro... Todo ello con deliciosas tostaditas de maíz crujientes. Hum... no está mal la cocina mexicana.

Pide otra cerveza cuando llegan los tacos y para terminar, un *café de olla*, fuerte y diferente del horrible café americano del avión.

- La cuenta, por favor.

Si quiere aprovechar la tarde tiene que darse prisa. Y en el momento de pagar, vuelve la bella chamaquita del principio.

- Vuelva el fin de semana para el *mole*, lo esperamos. Si quiere, le reservo una mesa, porque viene *retemu-cha*[21] gente.

Pero David tiene una cita importante mañana miércoles en Coyoacán y no sabe si estará libre el sábado y el domingo.

¿Qué puede hacer esta tarde? Tal vez ir al museo de antropología, uno de los más bellos del mundo, rodeado de un magnífico parque, pero hoy está demasiado cansado para ir a un museo... Decide, por fin, visitar parte de la ciudad, siguiendo el paseo de la Reforma, una ancha y larga avenida que lleva al parque de Chapultepec. Varias plazas interrumpen la avenida, dedicadas tan pronto a Cristóbal Colón como a Cuauhtémoc, último emperador azteca. Atraviesa la Zona Rosa, donde se encuentran las boutiques, los restaurantes y los hoteles de lujo. El parque de Chapultepec es una maravilla de pinos, cipreses, eucaliptus y *ahuehuetes*[22] centenarios. David nunca ha visto una vegetación tan rica ni tan exuberante. Pero de repente se siente terriblemente cansado, no puede más: ha pasado una noche, su noche europea, completamente en blanco y tiene que dormir, tiene que recuperarse antes del gran encuentro; necesita estar en forma mañana. Como no conoce bien los autobuses (perdón, los *camiones*), alza la mano y para un taxi. Hay varios tipos de taxis; los más baratos son los peseros que por sólo unos pesos cargan a cuatro o cinco viajeros con destinos diferentes y que son verdes y azules, pero hoy prefiere viajar solo y no tener que hablar con nadie: está demasiado cansado. El taxi que se para ante él es un *vochito*, un viejo Volkswagen (*escarabajos* los llamaban en España). Da la dirección del hotel y se sienta. La primera sorpresa es que no existe el asiento delantero de la derecha: lo han quitado para facilitar la entrada de los clientes. A David le parece peligroso en caso de frenazo. Pero el conductor conduce (perdón, *maneja*[23]) con una increíble maestría y pasa sin problemas a través de los bocinazos, de los insultos de otros conductores, de los atascos y de la contaminación.

David está de nuevo en su habitación, cae en la cama *como un tronco*[24] y se duerme inmediatamente. Pero, claro está, antes de dormirse coloca cuidadosamente en la mesilla de noche las fotos de Frida.

3

Se despierta en plena forma; no sabe cuántas horas ha dormido, pero le da igual. Después de ducharse y arreglarse, baja al comedor del hotel, donde está preparado un magnífico bufé para los clientes. Lo que más impresiona a David es la enorme cantidad de frutas tropicales que casi no conoce y que le apetecen muchísimo: mangos, papayas, piñas, tunas, guayabas, y también melones, naranjas, plátanos, fresas y melocotones, igual que en Europa, aunque estos últimos aquí se llaman *duraznos*. ¡Qué lío!

Sale a la calle después de su gran cura de vitaminas, lanzando una lánguida mirada a la señorita de la recepción, que le sonríe. Sale del hotel, contento y optimista, y justo en la puerta, donde hay varios taxis estacionados, el conductor de unos de ellos le grita:

- ¡Eh, *patroncito*[25], le llevo a cualquier sitio por el mejor precio¡

Y le abre la puerta de su vochito Wolkswagen sin esperar la respuesta.

- ¿Puede llevarme a Coyoacán, al museo de Frida Kahlo?

- Pues claro, ahorita mismo, usted manda, patroncito.

Y arranca con un terrorífico ruido de motor *antediluviano*[26].

Atraviesan grandes avenidas, plazas y arterias principales y poco a poco se alejan del centro. David intenta seguir en su plano, pero no comprende muy bien el itinerario del taxista y prefiere mirar la ciudad. Mira el taxímetro, que no marca ninguna cantidad:

- ¿Cuánto me va a costar, por favor?

- No se preocupe, patroncito, ándele y goce de la ciudad y del día tan *padre*[27] que tenemos hoy.

David no entiende muy bien lo de *padre,* pero se calla, un poco preocupado, porque la zona que atraviesan ahora está bastante desierta y parece alejarse cada vez más de la ciudad.

El taxi se para de repente en una esquina y sube a él un hombre con cazadora de cuero y tejanos.

- Qué casualidad -dice el taxista-, es mi *cuate*[28]que vive acá cerquita... ¿Con su licencia, podemos acercarlo tantito a su trabajo?

Cada vez más extrañado, David le deja sitio a su lado. El hombre saluda y el taxi continúa dos cuadras más y para en otra esquina, donde hay un edificio moderno. Su amigo abre la puerta, baja y le dice a David:

- *Órale*[29], patrón, baje.

- ¿Cómo, ya estamos en Coyoacán?

El otro se ríe, tiene unos dientes amarillos y feos.

- No exactamente. Estamos en el primer *cajero automático*[30].

- ¿Cómo dice? No comprendo...

Los dos hombres se ríen con una risa muy fea:

- ¿Olvidó la tarjeta VISA en España, nomás? Qué contrariedad.

Y al mismo tiempo, le saca la cartera del bolsillo del pantalón y extrae de ella sus dos tarjetas, la VISA y la de su banco en Madrid.

- ¿Pero qué hace, qué significa esto...?

- Pues esto es un atraco, *mano*[31]... ¿Nunca ve la televisión?

David siente un sudor frío por todo el cuerpo y oye los latidos de su corazón. El otro le empuja hacia el cajero y le obliga a marcar su código secreto. Después marca él un número con varios ceros y recoge el dinero. David observa que tiene una navaja en la mano y siente su punta en la espalda.

- Y ahora otra vez al carro nomás, *tour* especial de la casa para *gachupines*[32].

Y continúan el viaje.

- ¿Vamos a Coyoacán? -pregunta David con voz temblorosa.

Los dos hombres se ríen otra vez.

- No me sea impaciente, patroncito, vamos al segundo cajero.

- ¡Pero por favor, déjenme bajar! ¿No les parece bastante?

La navaja aparece otra vez en la mano del hombre que se sienta a su lado:

- No, pues... no nos parece bastante. Baje, por favor.

David mira a su alrededor. No hay nadie en la estrecha (*angosta*, se autocorrige, a pesar del miedo) calle que está casi desierta. "¿Dónde están los 18 millones de habitantes de esta ciudad? ", piensa desesperado.

- Ahora la otra tarjetita, nomás, ándele.

Y David marca el código secreto de su segunda tarjeta. El hombre toma el dinero y, siempre con la navaja en la mano, lo acompaña al taxi. Un poco más adelante, paran en un descampado. El taxista se baja y abre el capó del auto; David piensa que tiene una avería en el motor; sólo faltaba esto, piensa; pero luego recuerda que el *escarabajo* tiene el motor en la parte trasera. ¿Para qué abre el maletero entonces?

David no puede creérselo, pero del maletero sale un chiquillo (bueno, un *chamaquito*) delgado y rubio, de unos diez u once años. El hombre le da todo el dinero que le han robado a David y le dice:

-¡*Ándele, papasito*[33], al sitio de siempre!

El niño toma la *plata*[34] y mira muy serio a David con sus ojos muy grandes y muy oscuros. Después empieza a correr y desaparece a lo lejos.

- Hemos llegado al término, patroncito.

- ¿Coyoacán?

Otra vez la horrible risa.

- Qué manía con Coyoacán. ¿Se le perdió algo allá?... En D.F. todos los barrios son *rechulos*[35]. ¡Goce nomás! Y... ¡Felices vacaciones, patroncito!

Y el vochito amarillo se marcha con su terrible ruido de motor viejo.

4

A la mañana siguiente, cuando sale del hotel, todavía le duele la cabeza, a pesar de la nueva cura de vitaminas del desayuno. La *linda*[36]empleada de la recepción lo llama:

- Perdone, olvidé decirle ayer que hay que tener cuidado con los taxis, hay últimamente una mafia que...

- Oh, gracias, muy amable.

David prefiere no dar explicaciones. Ayer perdió toda la tarde en la comisaría, denunciando el atraco a la policía, ha pasado toda la noche sin poder dormir y no quiere hablar más de este asunto.

Sabe qué número de autobús va a Coyoacán y lo espera pacientemente en la parada, junto a una bonita plaza llena de jacarandas, con un quiosco de música en el centro y con bancos de hierro muy artísticos pintados de blanco.

- La vida es bella -murmura, sin querer pensar en su cuenta corriente y en cómo podrá pagar el hotel.

Media hora más tarde está en la puerta de una bonita casa colonial, una casa azul. Y en la mismísima puerta de la casa, sentado en el suelo... El niño rubio del taxi, que se levanta y le dice:

- Venga conmigo allá detrás... No deben vernos juntos.

- ¿Pero qué estás haciendo aquí...?

- Ayer nomás, dijo usted en el carro a mi papá que iba a la casa de Frida Kahlo y yo estaba seguro de que hoy también...

- ¿Pero qué quieres de mí? No tengo más dinero, ¿sabes? Me lo habéis quitado todo. Además, la policía sabe que...

El niño se pone un dedo en los labios:

- Chiiiist.

Y saca un sobre del bolsillo.

- Aquí está toditita la plata.

David lo abre y ve que, efectivamente, todos los billetes, sus billetes, están allí.

- ¿Qué significa esto?

- No quiero "trabajar" más con ellos, con mi papá y su cuate.

- ¿Y qué vas a hacer?

- Eso es cosa mía. Acá hay muchos chamacos como yo que viven solos, en la calle, y no pasa nada. No tengo mamá y mi papá es un delincuente y siempre está *tomado*[37], además ni siquiera es mi papá, es mentira... El único problema es encontrar trabajo. Usted puede ser mi primer cliente... ¿No necesita un guía?

David se ríe. La vida es de nuevo maravillosa. El dinero no hace la felicidad, pero...

- Acepto. Empezamos por el museo de Frida Kahlo, después Teotihuacán y la plaza de las Tres Culturas, y...

- Y mañana es el Día de Difuntos, o sea, visita al cementerio...

- Perfecto.

Pero no es verdad, nada es perfecto en la vida. El museo está cerrado por reparaciones. Eso les dice una señora muy distinguida y un poco seca que les abre la puerta.

- ¿Está usted segura de que no se puede visitar? -pregunta David totalmente desilusionado.

- ¿Cómo no voy a estar segura? Soy la conservadora del museo -contesta la señora bastante enfadada.

- Perdone, señora, pero he venido de España únicamente para visitar esta casa, hace años que sueño con ella... Soy periodista y voy a escribir un reportaje para mi periódico. Además...

Ha estado a punto de decir: *Además estoy enamorado de Frida Kahlo...* pero lo interrumpe una voz joven:

- Déjalo pasar, mamá, ahorita están comiendo los obreros y no molestará a nadie... Yo puedo hacerle una visita rápida nomás... En media horita terminamos.

La conservadora mira a su hija, mira a David, mira a...

- ¿Y este niño?

- Es un amigo mío, bueno, un cuate nomás...

La chica se ríe y David la mira por primera vez; no puede creer lo que ve: los mismos ojos, el mismo cuello largo, el mismo peinado y sobre todo... las mismas cejas. Va vestida con una falda marrón, larga y ancha, hasta los pies, una blusa amarilla con bordados indios y lleva flores en el pelo recogido en lo alto de la cabeza.

- Pero, pero no es posible, usted...

- Ya, ya lo sé, todo el mundo me lo dice: soy idéntica a Frida Kahlo... Y no me llames de usted, puedes *tutearme*[38].

- ¿Eres de su familia, verdad?

- ¡*Ni modo*[39]! -dice la chica riéndose-. Sólo la conozco por sus cuadros, pero me divierte imitar su manera de peinarse, sus vestidos... y para parecerme más a ella, no me depilo las cejas. Me llamo Fernanda, ¿y tú?

- David, y de apellido Benalcázar...

- Yo... yo soy El *güero* -añade el niño.

- ¿Y qué quiere decir *güero*?

- En México significa rubio -aclara Fernanda.

- Me gusta más que Telesforo, que es mi nombre de pila.

- Se comprende -dicen a coro David y Fernanda. Y se ríen.

Fernanda los pasea a través de las estancias de la casa-museo donde vivieron Frida Kahlo y Diego Rivera; David cree estar soñando: primero, el jardín, pequeño, rodeado de altas tapias y aislado del mundo, con una vegetación tropical: magnolias, ahuehuetes, lianas y también con muchos pájaros; un jardín melancólico donde Frida vivió su enfermedad, inmóvil en la cama, triste y abandonada, pintando.

Una gran fotografía presenta a Frida y a Diego Rivera, su marido.

- *El elefante y la paloma...* -comenta Fernanda-. Así los llamaban.

Efectivamente, Diego pesa por lo menos tres veces más que Frida, que es muy menuda; es casi un gigante, alto y grueso. Y parece tener el doble de su edad.

- Sin embargo, eran una pareja mítica. A pesar de las traiciones, del divorcio, de las separaciones... Frida murió a los 47 años y Diego tres años después, ya ves.

- Mira...

Y Fernanda muestra un cuadro con Frida en una cama de hospital y un bebé muerto a su lado: su único hijo.

La mayoría de los cuadros son autorretratos de Frida. Hay uno terrible: Frida desnuda con la columna vertebral rota y los ojos llenos de lágrimas.

- Tuvo un gravísimo accidente en un camión, entre el Zócalo y Coyoacán. No murió por milagro, pero su cuerpo... Durante muchos años pintó en la cama. Su madre instaló un espejo en el techo y así podía pintar su autorretrato. Mira este otro...

Frida una vez más y en su frente la cara de Diego pintada, como incrustada.

- Diego era su obsesión, lo adoraba, no podía vivir sin él...

- ¿Y él?

- Bueno, él la quería, la necesitaba, la admiraba... Pero era un seductor, un depredador, un devorador de mujeres. Imagínate: Angelina Beloff, la pintora rusa; Tina Modotti, la fotógrafa italiana; María Félix, la actriz mexicana...

- En muchos cuadros hay lágrimas en los ojos de Frida.

- Sufrió mucho, pero era muy valiente; fue una gran revolucionaria, como Rivera. Los dos pintaron muchos cuadros de inspiración comunista.

- ¿Y por qué se vestía así? No era típico de los años treinta.

- Ese era su lado indígena. Se vestía como las indias de Tehuantepec, con faldas largas y *rebozos*.

- ¿Cómo dices?

- El *rebozo* es como un chal, es típico de México. También llevaba siempre joyas lindísimas: pendientes, collares, pulseras... Todo de artesanía india.

- Qué hermosa.

Observa detenidamente sus tristes ojos negros, su boca grande y sensual, su frente ancha, sus orejas ador nadas con pendientes, sus pómulos altos, su barbilla voluntariosa y sobre todo sus espesas cejas negras, únicas.

Mira de reojo a Fernanda, cómo se le parece, es increíble.

Vuelve Telesforo, que estaba jugando con un perro en el jardín y los mira fijamente:

- ¡Gran descubrimiento! Los nombres de ustedes, Fernanda y David, empiezan por F y por D, exactamente como los de Frida y Diego.

- Casualidades que tiene la vida nomás -dice Fernanda un poco *azorada*[40]-. Órale, vamos, que ya pasó la media horita y mi mamá se va a *enojar*[41].

Al llegar a la puerta, pregunta:

- ¿Y ahorita qué van a hacer?

- Vamos a Teotihuacán nomás -contesta muy serio Telesforo-, yo soy el guía oficial.

- ¿Les llamo un taxi?

- ¿Un taxi? ¡Qué horror!

- Un taxi no -explica el niño-, está muy peligroso el tema y podemos tener un *carreterazo*[42], mejor un camión para turistas, yo sé dónde agarrarlo, lueguito le deja junto a su hotel, patrón.

- ¿En qué hotel estás? -pregunta ella.

- En el Jalisco Inn... Bueno, Fernanda, mil gracias por todo y a tu madre... perdón, a tu *mamá*[43], también.

- De nada, a pasarlo bien. *Chau*[44], David. *Chau*, *güerito*.

- Le gustó a la chamaca-, le dice a David el güero al salir.

- Venga ya.

- Yo de esas cosas entiendo, ¿por qué le preguntó si no, el nombre del hotel?

- Pues por educación y punto.

Telesforo prefiere callarse, pero se ríe bajito.

5

David no está en forma durante la visita a *Teotihuacán*[45] situado al Norte de la capital. No sabe si es culpa de la mala noche o los 50 kilómetros de carretera, pero no puede concentrarse. Piensa todo el tiempo en la casa de Frida, en los retratos de Frida y sobre todo en la reencarnación de Frida: Fernanda.

Telesforo lo acompaña, por la Avenida de los Muertos y le explica las pirámides de la Luna y el Sol, el templo de Quetzalcoatl, la Serpiente de Plumas de los toltecas, le habla de Tlaloc, del dios de la lluvia y le cuenta que Teotihuacán significa *Residencia de los dioses*... "Sabe muchas cosas este *güerito*", piensa David. Pasan delante del palacio Quetzal-mariposa, del palacio del Jaguar, suben los altísimos escalones de las pirámides... pero David no está donde debe estar, no sabe lo que le pasa y le dice al niño:

- Estoy muy cansado, vámonos.

- Ándele, pues.

En el camino de regreso, en un restaurante muy popular, comen unas tortillas de maíz, fruta, y beben mucha agua, tienen los dos una sed terrible, deben de ser las emociones.

Se despiden en la puerta del hotel.

- Mañana a las nueve, listo para Los Difuntos.

David piensa que el difunto será él si continúan a este ritmo, pero promete estar listo a las nueve.

6

Su segunda noche en México es todavía peor que la primera: le duele el estómago, tiene náuseas... Seguramente es el agua, piensa, o tal vez la comida tan picante, no está acostumbrado.

Las fotografías de Frida le recuerdan ahora a Fernanda y tiene pesadillas con Diego Rivera-depredador y caníbal, devorando mujeres en lo alto de una pirámide azteca.

A las nueve en punto de la mañana, con un terrible dolor de cabeza, está en la puerta del hotel, pero el fiel güerito no está en ningún sitio. Espera y espera... y decide volver a su cuarto y acostarse otra vez, un poco desilusionado. Al pasar por la recepción, la linda señorita de los ojos negros le dice:

- Al chamaquito amigo suyo, se lo llevó la policía hace una hora.

- Dios mío, ¿dónde está la comisaría, por favor?

Afortunadamente, está a una cuadra y David corre a ayudar a su cuatecito.

Y allí encuentra al pobre Telesforo, entre dos policías con *cara de pocos amigos*[46].

- Por favor, este niño me devolvió ayer el dinero robado por su padre, es inocente y además es muy valiente, tienen que dejarlo en libertad.

A la policía mexicana no le gusta mucho recibir órdenes de un gachupín, pero el gachupín en este caso tiene razón y Telesforo y él salen triunfantes de la Comisaría, después de haber dado pistas para localizar a los atracadores.

- ¡Y ahorita nomás, al cementerio!

- Ni modo, mi querido cuate, si no quieres enterrarme a mí. Me voy al hotel a descansar y tú te vienes conmigo también.

- ¿Podemos comprar nomás unas *calaveritas de azúcar* y un *pancito de muerto* para celebrar a los muertitos?

- Vale.

Las panaderías y las confiterías están llenas de dulces especiales para este día y decoradas con esqueletos (*calacas* dicen acá). Familias completas se dirigen a los cementerios con flores y con cestos llenos de la comida que le gustaba a sus muertos.

Se oye una canción:

"Viene la noche cantando
por entre las nopaleras:
En qué quedamos, pelona,
me llevas o no me llevas..."

- A las dos de la tarde comienza la *llorada* en el cementerio -comenta Telesforo-. Es muy lindo; también se hacen altares y se prenden velas y cirios, se quema incienso, y se llora y se *platica*[47] con el difunto. Tocan las campanas y...

- ¿Pero de dónde viene este culto mexicano de la muerte, lo sabes tú?

- Cosas de los aztecas.

Al pasar de nuevo por la recepción, David anuncia a la recepcionista:

- El niño va a dormir esta noche en mi cuarto.

Y el niño la saluda con la boca y las manos llenas de calaveritas de azúcar y de chocolate.

Al llegar a su cuarto (perdón, a su *recámara*) Diego le da una ducha, le presta una camiseta limpia como pijama y lo instala en la cama vacía.

- Que duermas bien, güerito.

- Igualmente. Buenas noches, patroncito.

Y David abre un libro, porque nunca puede dormirse sin leer un poco antes. En el aeropuerto compró *Pedro Páramo*, del mexicano Juan Rulfo.

- ¿De qué trata ese libro, patroncito?

- Pues de muertos nomás, güerito.

7

Al día siguiente, David está como nuevo y los dos devoran con apetito el delicioso desayuno-bufé del hotel: zumos naturales, fruta, jamón, queso, cereales, café y pan con mermelada y mantequilla. Telesforo está como en el cine, pues nunca ha visto un ambiente tan lujoso ni una comida tan rica y abundante. Visitan después el Museo Antropológico y pasean por el centro y por los parques. A la hora del almuerzo comen *enchiladas* al aire libre y descansan después un rato en el hotel.

Cuando se despiertan de la siesta, el niño le dice a David:

- Tengo una idea para esta noche.

- ¿Qué idea?

- La chamaquita.

- ¿Qué chamaquita?

- La que se parece a la pintora.

- Fernanda... ¿Y qué idea tienes?

- La plaza de Garibaldi.

- La plaza de Garibaldi... ¿Ah, la de las canciones?

- Correcto. La llevamos allá, *le compra* unas cancioncitas y se le enamora todita nomás.

- Mira, Telesforo, no te metas donde no te llaman, ¿vale?

- Vale, *patroncito,* disculpe nomás; pero usted no se puede ir de D.F. sin visitar la plaza de Garibaldi, es, por la noche, la cosa más linda de la capital.

- Muy bien, pues vamos esta noche, no tengo nada mejor que hacer.

- ¿Solos?

Y en ese momento suena el teléfono.

- *¿Bueno?* (David intenta adaptarse, aunque en España se dice, *¿diga?*)

- Una llamada para usted, señor.

- ¿David? Soy Fernanda...

- ¡Fernanda, qué sorpresa...!

- ¿Sabes? Tengo un libro sobre Frida y Diego para ti, te va a interesar para tu trabajo... ¿Cuándo puedo dártelo?

David mira disimuladamente a Telesforo que mira al techo, silbando.

- Bueno... Estoy pensando que... Mira, si no tienes otra cosa que hacer esta noche... Tengo muchas ganas de conocer la plaza de Garibaldi, me gusta mucho la música popular mexicana, ¿sabes? En España conocemos todos vuestros *corridos y rancheras*[48].

- Qué casualidad, a Frida le encantaban. ¿A que no sabes cuál era su corrido preferido?

- Déjame pensar...

- Seguro que lo conoces, ¿quieres una pista?

-Vale.

- Trata de la revolución.

- Como casi todos.

- Se llama como el diminutivo de un nombre de mujer...

- *¡Adelita!*

- Exacto. ¿Vamos a Garibaldi a escuchar *Adelita*?

-¡Cómo no! Estaré allí en una hora.

- Muy bien, allí estaremos.

- ¿Cómo *estaremos*?

- Sí, claro, el güerito y yo...

- Pero bueno, ¿ese güerito es algo tuyo?

- La verdad, no... pero está medio abandonado y tiene problemas -mira a Telesforo que silba con entusiasmo-, luego hablamos, ¿vale?

Una hora más tarde Telesforo conduce a David por entre los *mariachis*, grupos de hombres vestidos con el traje típico de Jalisco: chaquetilla y pantalón negros con bordados de plata y el gran sombrero típico mexicano; tocan tres instrumentos: la guitarra, la trompeta y el violín. Los *mariachis* son típicos del estado de Jalisco y sobre todo de su capital, Guadalajara, y se les contrataba para cantar en las bodas (*mariage* en francés, de aquí la deformación *mariachi),* pero también para cantar bajo los balcones de las muchachas.

Hay un ambiente extraordinario en la plaza Garibaldi, cada pocos metros hay un grupo de músicos tocando y cantando para una pareja o para un grupo de amigos, o de turistas. El que ha pagado la canción y su chica bailan al ritmo de su *mariachi.*

- ¿Llevamos *plata?* -pregunta Telesforo.

- No te preocupes, ya sé que hay que comprar las canciones. Y hasta podremos comer unos *tacos* después.

En ese momento ve a Fernanda y es como ver a Frida Kahlo, más joven, avanzando por la plaza hacia él. Todo gira a su alrededor: las trompetas, los violines, los sombreros de los músicos, la larga falda de Fernanda...

- ¿Te encuentras bien?

- Estás preciosa.

Lleva una falda negra de seda, una blusa azul cobalto, y un *rebozo* de colores muy vivos. Como la última vez, lleva collares, pendientes y pulseras de artesanía india y el pelo peinado con una trenza en lo alto de la cabeza. Muchos hombres, músicos y turistas, la miran. David piensa que es la mujer más atractiva que ha conocido en su vida.

- Ven, quiero regalarte una canción.

Entonces interviene Telesforo:

- Yo conozco a los mejores músicos de la plaza, son aquellos.

Y señala a un mariachi que está esperando a sus clientes en un rincón.

- Acá el señor, que es español, quiere ofrecer una canción a la señorita...

- *¿Y qué se le ofrece*[49], nomás?

- ¿Conocen *Adelita*?

Los cuatro músicos sonríen:

- ¡Cómo no!

Y la música estalla, mientras David y Fernanda bailan el famoso corrido de la revolución mexicana y de la musa de la tropa: Adelita.

"... que si Adelita quisiera ser mi novia,
que si Adelita fuera mi mujer,
le compraría un vestido de seda
para llevarla a bailar al cuartel."

Hay una luna redonda y enorme, como nunca ha visto en Europa David... Fernanda huele a las flores que lleva en el pelo y los dos giran y giran al ritmo de la música, rodeados por las miradas de la gente.

- Te voy a confesar una cosa: he venido a México porque estaba enamorado de Frida Kahlo.

Fernanda lo mira muy seria.

- ¿Y sigues enamorado de ella?

- De ella... no lo sé, pero enamorado sí.

- No me pareces muy constante tú...

- Huy, no me conoces bien.

"... que si Adelita se fuera con otro
la seguiría por tierra y por mar,
si por mar en un buque de guerra,
si por tierra en un tren militar."

- ¿Has oído? Yo soy exactamente como el novio de Adelita, cuando quiero a una mujer... pues eso, la sigo *por tierra y por mar.* ¿Compramos otra canción? A ver qué se le ocurre al güerito.

- ¡Güero! ¿Dónde estás?

Pero Telesforo no aparece por ninguna parte. Entonces uno de los músicos, el de la guitarra, les dice:

- Al chamaquito se lo llevaron dos hombres mientras ustedes bailaban... No parecían buena gente...

- Dios mío, son los de la mafia de los taxis, seguro. Pobre güerito, hay que liberarlo de esa gente. ¿Qué podemos hacer?

- Lo primerito hablar con mi mamá, ella conoce bien al comisario de policía de Coyoacán y puede ayudarnos.

Pagan la canción, suben al carro de Fernanda y durante el camino piensan en un plan de acción; pero antes Fernanda, que es una chica muy moderna, saca su teléfono móvil, habla con su madre y le cuenta la desaparición del niño y los datos de que dispone.

Cuando llegan al museo de Frida Kahlo, donde vive la conservadora y su familia, David tiene la impresión de estar como en su casa. La madre de Fernanda, mucho más amable y sonriente que el día anterior, habla por teléfono con su amigo el comisario y prepara café para los dos jóvenes. La policía ya estaba tras la pista de los atracadores, pues por las declaraciones de David y de Telesforo ya conocen los nombres, el domicilio y las actividades de la banda. Piensan que no será difícil encontrarlos, pero David tiene mucho miedo por su pequeño amigo.

- ¿Es difícil adoptar a un niño mexicano? -pregunta de repente.

La madre de Fernanda lo mira asombrada.

- Difícil... depende. En primer lugar, hay que estar casado.

David mira a Fernanda:

- Eso no es tan complicado.

Fernanda se pone colorada y la señora lo mira más asombrada todavía:

- Me parece que los matrimonios muy jóvenes no pueden adoptar niños, tienen que probar la madurez de su decisión y...

Suena el teléfono y la conservadora habla un buen rato con el comisario. Por fin cuelga.

- Su amiguito no está en peligro, de momento no puedo decirle más, pero tendrá noticias. Es mejor que se vaya al hotel y descanse hasta mañana. ¿Le llamo un taxi?

- ¡No, mami, por Dios, nada de taxis! Yo lo acompaño y vuelvo tantito.

La buena señora no se queda muy tranquila, pero Fernanda parece ser una chica que sabe lo que quiere.

Y ya en el coche:

- Ya has oído a tu madre. Perdón, a tu *mamá*. Si queremos ayudar al Güerito no tenemos más remedio que casarnos y madurar rápidamente.

- Una de las cosas que me dice siempre mi mamá es que la mayoría de los hombres no madura jamás -contesta Fernanda riéndose-. Pero es la primera propuesta de matrimonio que me hacen y voy a tener que pensarla seriamente, gachupín. Además, me muero de ganas de conocer Madrid.

8

Una semana más tarde, en el aeropuerto Benito Juárez, David está facturando (perdón, *chequeando)* sus valijas. Fernanda le ha traído una biblioteca completa sobre Frida y Diego, y el exceso de peso que marca la balanza es inquietante. Afortunadamente, la maravillosa señorita de inmensos ojos negros de Mexicana Airlines no protesta y deja marcharse el equipaje por la cinta mecánica. Más problemático parece el regalo de Telesforo, una inmensa corona de flores de papel de colores montadas en un aro metálico.

- Es típico del Día de los Muertos, puro mexicano, patrón...

Y David no sabe qué hacer con ella en la mano. Con la otra mano sí sabe qué hacer, abraza fuertemente a Fernanda por los hombros, mientras ella llora y llora desconsolada.

Pero David es un hombre de recursos y entre el güerito y él lo han previsto todo. Aparece de repente detrás de ellos el *mariachi* amigo de Telesforo y los cuatro músicos empiezan a tocar *La llorona,* una conocidísima canción mexicana:

" ...Ay de mi llorona, llorona llévame al río (...)
Tápame con tu rebozo, llorona, porque me muero de frío."

El ritmo de la *sandunga* es romántico y melodioso y la pobre Fernanda llora cada vez más, como la llorona de la canción.

- No te preocupes por el güerito, que ya sabes que mi mamá se va a ocupar de él. Ella dice que los niños pobres no deben salir del país de donde nacieron y que es mejor exportar petróleo que chamaquitos abandonados, ya sabes cómo es ella.

- Güerito, te prometo que te mando una bicicleta y libros para aprender a leer y...

- Mejor invíteme de padrino a su casamiento, patrón.

Los tres se ríen y el altavoz anuncia la salida del vuelo de Iberia: "*Los pasajeros del vuelo 3448 de Iberia con destino a Madrid deben presentarse inmediatamente en la puerta 25.*"

David y Fernanda se besan apasionadamente, mientras Telesforo silba mirando al techo de plástico del aeropuerto y el *mariachi* ataca la última estrofa de Adelita:

"... Y si acaso yo muero en la guerra,
y en la sierra mi cuerpo ha de quedar,
Adelita, por Dios te lo pido
que con tus ojos me vengas llorar. "

NOTAS EXPLICATIVAS

(1) DF. Iniciales con las que los mexicanos denominan a la capital de México: Distrito Federal.

(2) **Visa**. En España se usa "el visado".

(3) **Valija.** En España se usa "maleta".

(4) **Colectivo.** En España se usa "autobús" o "bus".

(5) **Carro.** Expresión extendida en Hispanoamérica para designar al "coche".

(6) **Closet.** Ropero o pequeño guardarropa formado en las propias paredes de la habitación.

(7) **Cuadra.** Palabra de uso extendido en Hispanoamérica que designa el conjunto de casas contiguas rodeadas de calles. En España se usa "manzana".

(8) **Espaldas mojadas.** Traducción del inglés Wet back, emigrantes clandestinos que atraviesan a nado el Río Grande.

(9) **Migra.** Nombre que dan los mexicanos a la policía de control de inmigración en la frontera con los EE. UU.

(10) **NAFTA.** Siglas de "North American Federation of Trade Associations".

(11) **TLC.** Siglas en español del mismo organismo. "Tratado de Libre Comercio".

(12) **Malinche.** Mítica mujer mexicana que fue la intérprete y amante de Hernán Cortés y que "traicionó" a su pueblo por amor.

(13) **Taquería.** Establecimiento donde se cocinan tacos, plato típico mexicano.

(14) **Tex-mex.** Adjetivo que se aplica a la música, cocina, etc. de influencia tejano-mexicana.

(15) **Chamaco/a.** "Chico/a" o "muchacho/a".

(16) **Nomás**. Partícula conversacional con diferentes significados según el uso. Los más comunes son "nada más" y "ahora mismo".

(17) **Frijol.** Especie de alubia originaria de México. Puede ser blanca o morada y es muy usada en la cocina de las clases populares.

(18) El español de América utiliza muy frecuentemente los diminutivos y aumentativos para obtener mayor expresividad.

(19) **Ándele.** Expresión típica mexicana. Equivale a "venga", "vamos".

(20) **Tantito.** Expresión típica mexicana que significa "ahora mismo".

(21) **Rete-.** Prefijo aumentativo o enfático típico de México. Se usa como aumentativo de la palabra que acompaña.

(22) **Ahuehuete.** Árbol conífero de origen mexicano aprovechado por su madera elástica y cultivado como árbol de jardín.

(23) **Manejar.** "Conducir".

(24) **Dormir como un tronco.** Dormir profundamente.

(25) **Patroncito.** Expresión coloquial mexicana. En España se usa "jefe".

(26) **Antediluviano.** Literalmente, significa "anterior al diluvio de Noé". Figurativamente este adjetivo se usa como "muy antiguo" o "pasado de moda".

(27) **Padre.** Utilizado como adjetivo en la lengua coloquial mexicana, significa "buenísimo".

(28) **Cuate.** En España se usa "compañero" o "colega".

(29) **Órale.** Expresión típica mexicana que significa "ahora" y también "venga".

(30) **Cajero automático.** Dispositivo callejero situado al lado de un banco, que permite sacar dinero, introduciendo una tarjeta magnética.

(31) **Mano.** Término muy extendido en México. Contracción de "hermano". Figurativamente significa "colega", "amigo".

(32) **Gachupín.** Nombre despectivo que dan los mexicanos a los españoles.

(33) **Papasito.** Expresión coloquial mexicana que se usa para dirigirse al padre, pero también a los niños, de forma cariñosa.

(34) **Plata.** Término usado en Hispanoamérica como sinónimo de "dinero", o" fortuna". Su uso proviene de la abundancia de la moneda de plata en América, a partir de la conquista de los españoles. La cantidad de plata extraída en América, en proporción a la del oro era del 46:1.

(35) **Rechulo.** Sinónimo de "bonito" o "lindo" en la lengua coloquial.

(36) **Lindo/a.** Adjetivo de uso generalizado en Hispanoamérica, que se aplica tanto para personas como para cosas. En España se usa "bonito/a" para cosas y "guapo/a" para personas.

(37) **Estar tomado.** Término figurativo que significa "estar borracho". "Tomar" en toda Hispanoamérica significa "beber".

(38) **Tutear.** Dirigirse a una persona cuando se habla con ella, usando el pronombre "tú" y no "usted".

(39) **Ni modo.** Expresión que significa "de ningún modo".

(40) **Cortado/a**. Coloquial: "intimidado/a".

(41) **Enojarse.** Término de uso extendido en Hispanoamérica. En España se usa "enfadarse".

(42) **Carreterazo.** El sufijo "-azo" expresa frecuentemente la idea de golpe brusco. En México se usa como accidente de carretera.

(43) Los hispanohablantes adultos de Latinoamérica prefieren decir cuando hablan de sus padres **"mi papá"** y **"mi mamá"** (o familiarmente "mi mami", "mi papi"), mientras que los espa-ñoles prefieren los términos "padre" y "madre". En México además, la palabra "madre" puede tener valores muy peyorativos y hasta obscenos.

(44) **Chau.** Transcripción fonética del italiano ciao.

(45) **Teotihuacán.** Lugar arqueológico de la época azteca, único en el mundo, a 50 kilómetros al norte de la capital de México.

(46) **Tener cara de pocos amigos.** Presentar un aspecto hostil, poco amistoso.

(47) **Platicar.** Término extendido en la mayor parte de Hispanoamérica. Equivale a "charlar", "conversar".

(48) **Corrido. Ranchera**. Ritmos del folclore mexicano.

(49) **¿Qué se le ofrece?** Expresión mexicana que significa "¿Qué desea?".

¿HAS COMPRENDIDO BIEN?

1. Haz una lista de palabras relacionadas con el avión. Pueden ser nombres, verbos, etc.

....

....

....

....

....

2. Viajar en avión… Explica el porqué

Me gusta…	*No me gusta…*

3. Combina los elementos de las tres columnas.

David	**ES**	la capital de México.
D.F.	**ESTÁ**	cansado.
El avión		muy intensa.
El tiempo		aterrizando.
La luz		espléndido.

4. Completa los espacios vacíos.

El país .... 85 millones de habitantes: mestizos, blancos e .... En D.F. hay todavía .... contaminación que en Madrid. El aire tiene un .... especial debido a la contaminación. Los .... contaminan el aire y hacen mucho .... con las bocinas.

5. Resume en 10 frases lo que sabes sobre México después de leer esta historia.

-

6. ¿Recuerdas cinco palabras, que, con el mismo significado, tengan una forma diferente en el español hablado en España y el hablado en México? Escríbelas en los dos cuadros.

España

-
-
-
-
-

México

-
-
-
-
-

7. Di si son verdaderas o falsas las siguientes frases.

	V	M
El español de México tiene muchas palabras inglesas.	☐	☐
Un espalda mojada es alguien que se ducha 4 veces al día.	☐	☐
La NAFTA es una asociación ecologista.	☐	☐
Frida Kahlo murió a los 47 años.	☐	☐
Orozco, Siqueiros y Rivera son pintores mexicanos.	☐	☐

8. En este grupo de verbos hay un intruso, ¿sabes identificarlo?

☐ lavarse ☐ ducharse ☐ peinarse

☐ arreglarse ☐ manejar ☐ vestirse

9. Quieres viajar a México en noviembre. ¿Qué llevarías en tu equipaje? Escribe, al menos diez cosas. Ten en cuenta el tiempo que hará.

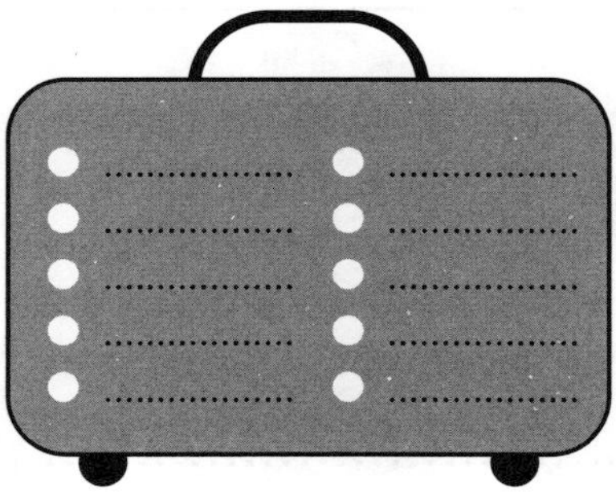

10. Termina las frases siguientes.

❑ Hernán Cortés, a pesar de las críticas de algunos historiadores, fue un hombre valiente, porque ....

❑ David mira todas las noches las fotos de Frida Kahlo porque está ....

❑ Frida Kahlo sufrió mucho durante su vida porque.....................
....

- ❑ En la plaza Garibaldi ....
- ❑ Telesforo dice que su padre ....

11. Combina las siguientes columnas.

En la plaza Garibaldi El museo de Frida Kahlo El Chapultepec En los cajeros automáticos Los frescos de D. Rivera	**HAY** **ESTÁ/N**	En Coyoacán. mucho ambiente. dinero. un gran parque. En el Palacio Nacional.

12. ¿Conoces alguna pintora interesante? ¿Puedes decir algo de ella?

....

....

....

....

13. ¿Recuerdas qué ingredientes tiene el guacamole?

☐	☐ ....
☐	☐ ....
☐	☐ ....

¿Puedes dar los ingredientes de una receta fácil de la cocina de tu país?

....

....

....

....

....

....

....

14. En esta lista de palabras hay un intruso. ¿Puedes reconocerlo?

☐ árbol	☐ parque	☐ hojas	☐ castaño
☐ tierra	☐ jardín	☐ pájaro	☐ ahuehuete

15. ¿Recuerdas el Volkswagen “escarabajo” o “vochito”? ¿Cómo se llamaba en tu país? ¿Puedes describirlo?

....

....

....

....

....

16. ¿Puedes encontrar en el libro 6 palabras relacionadas con el automóvil?

- ....
- ....
- ....
- ....
- ....
- ....

17. Compara, utilizando estructuras comparativas, el desayuno del hotel Jalisco Inn con tu desayuno habitual

.... ← **ES MÁS QUE** → ....

.... ← **ES MENOS QUE** → ....

.... ← **ES TAN COMO** → ....

18. Completa las frases siguientes.

❑ Los atracadores obligan a David a ir al cajero automático, para ....

❑ Para sacar dinero de un cajero es necesario ....

❑ David lleva al güerito a su hotel porque ....

❑ Telesforo espera a David en la puerta del museo para ....

19. Señala con una cruz las palabras relacionadas con la música.

❑ corrido	❑ calavera	❑ violín
❑ plaza Garibaldi	❑ mariachi	❑ sombrero
❑ difuntos	❑ guitarra	❑ trompeta
❑ ranchera	❑ rancho	❑ enchilada

20. Combina las tres columnas.

A Fernanda	**le parece**	que conoce un buen mariachi.
Telesforo	**dice**	que Rivera era un devorador de mujeres.
David	**cree**	que Fernanda es la chica más atractiva que conoce.

De ooggetuige &
Het bosgraf

Van Simone van der Vlugt verscheen bij uitgeverij Anthos

De reünie
Beste thrillerdebuut 2004 door Crimezone
Nominatie voor de NS Publieksprijs 2005

Schaduwzuster

Het laatste offer
Nominatie voor de NS Publieksprijs 2007

Blauw water
Nominatie voor de NS Publieksprijs 2008
Nominatie voor de Gouden Strop 2008
Winnaar Zilveren Vingerafdruk 2009

Herfstlied

Jacoba, Dochter van Holland

Op klaarlichte dag
Winnaar NS Publieksprijs 2010
Beste Nederlandstalige thriller 2010 door Crimezone

In mijn dromen
Nominatie voor de NS Publieksprijs 2012

Rode sneeuw in december

Aan niemand vertellen
Nominatie voor de NS Publieksprijs 2013

Met Wim van der Vlugt
Fado e Festa. Een rondreis door Portugal

Morgen ben ik weer thuis

Met Wim van der Vlugt
Friet & Folklore. Reizen door feestelijk Vlaanderen

Simone van der Vlugt ontving in 2006 de Alkmaarse Cultuurprijs voor haar tot dan toe verschenen werk.

Simone van der Vlugt

De ooggetuige & Het bosgraf

Anthos | Amsterdam

FSC
www.fsc.org
MIX
Papier van
verantwoorde herkomst
FSC® C110751

ISBN 978 90 414 2572 0

Omslagontwerp Roald Triebels, Amsterdam
Omslagillustratie Greta Tuckute / Millennium Images /
Hollandse Hoogte
Foto auteur Wim van der Vlugt

Verspreiding voor België:
Veen Bosch & Keuning uitgevers n.v., Antwerpen

De ooggetuige

Ze zeggen weleens dat iedere stem uniek is, dat je iemand uit honderden mensen kunt herkennen als je let op de klankkleur van een stem. Maar vaker laten we ons onderscheidingsvermogen vertroebelen door wat onze ogen registreren, door wat we verwachten te zien en onze interpretatie daarvan.

Men denkt ook dat mensen die niet op het oordeel van hun zicht kunnen afgaan dat gebrek compenseren met een bijna bovenmenselijke ontwikkeling van hun reuk en gehoor. Dat is een hardnekkig misverstand waar ik bijna dagelijks mee geconfronteerd word. Zelfs de twee rechercheurs die nu tegenover me zitten, blijven erop hameren dat me toch íéts moet zijn opgevallen.

'U bent toch slechtziend, niet blind? Dan hebt u toch wel wat gezien?'

Natuurlijk heb ik wat gezien. Ik heb van alles gezien, maar niet iets waar zij wat aan hebben. Zet tien man, onder wie de daders, op een rij en ik zou de schuldigen er niet uit kunnen halen. Daarvoor is mijn zicht te wazig. In zo'n situatie zou ik mijn eigen familie niet eens herkennen. Bovendien was ik in shock. Daar mogen ze ook wel een beetje rekening mee houden.

De overval vond plaats tegen sluitingstijd. Ik was op het laatste moment de juwelierszaak binnengelopen om een gebroken armbandje te laten repareren en ging meteen even naar het toilet. Ik kom al jaren bij Rob voor mijn aankopen en reparaties en hij doet er nooit moeilijk over als ik gebruikmaak van de wc.

Voor deze keer had ik Max niet bij me. Max houdt niet van winkelen. Als hij me over straat leidt, probeert hij altijd een omweg te maken langs de slager en de dierenwinkel, om me pas na een lekker hapje naar de winkel van mijn keus te brengen. Eindeloos op je beurt wachten bij de kassa, langs de schappen in de supermarkt sjokken, hij heeft er een bloedhekel aan. Max is in zijn element als hij me door een drukke menigte kan laveren, gebruikmakend van iedere opening. Dat is zijn taak, daar is hij voor opgeleid.

Zin of geen zin, hij moet toch af en toe mee. Zeker als ik veel te doen heb en het te vermoeiend is om op mijn beperkte zicht en taststok te vertrouwen. Maar voor dat ene bezoek aan de juwelierszaak had ik hem niet per se nodig en bovendien was hij een beetje ziek. Het leek me verstandiger om hem rustig thuis te laten. Achteraf gezien is dat maar goed ook. Max is een uit de kluiten gewassen Duitse herder; hij zou die gasten naar de keel zijn gevlogen als hij had gemerkt dat ik werd bedreigd. Eén man had hij nog wel aangekund, maar drie gewapende, hypernerveuze overvallers was te veel voor hem geweest.

Ik heb ze niet horen binnenkomen. Pas toen ik uit het toilet kwam, zag ik ze staan. In eerste instantie dacht ik dat het klanten waren, dus ik liep gewoon door.

Robs nerveuze stem hield me tegen. 'Manon, blijf staan.'

Abrupt hield ik mijn pas in en keek naar de drie gestalten bij de toonbank. Ze hadden alle drie hun capuchon over hun hoofd getrokken en een zilverkleurig voorwerp in hun hand. De langste van het trio hield het voorwerp op Rob gericht, een ander richtte het op mij. Ik verstarde.

'Shit man, ik dacht dat hij alleen was! Wie is dat?' zei een van de overvallers met overslaande stem.

'Dat is een klant,' zei Rob rustig. 'Ze was even naar het toilet. Zoals jullie zien is ze blind, laat haar alsjeblieft met rust.'

Nu weet ik dat het die opmerking is die me het leven heeft gered.

'Waar is de kluis?' schreeuwde een van de overvallers, de grootste. Hij had iets bekends, alsof ik hem weleens was tegengekomen of had gesproken. Dat is het probleem als je slechtziend bent: je hebt voortdurend het gevoel dat je mensen kent, je weet het alleen nooit zeker.

'Die is achter.' Rob ademde hoorbaar in en uit, met de snelheid van iemand die hyperventileert.

'Meekomen!'

De man trok hem ruw mee naar achteren, zijn handlanger begon de vitrines leeg te halen en nummer drie hield mij onder schot.

'Opschieten, anders knal ik je neer!' klonk het achter in de zaak, gevolgd door Robs gedempte, paniekerige stem: 'Rustig maar, ik maak hem wel open. Niet schieten, niet schieten.'

Rob moet hebben gedacht dat hij iets kon proberen, al heb ik geen idee wat. Misschien zag hij iets wat hij als wapen kon gebruiken nu hij maar één man tegenover zich had. Maar voor hetzelfde geld deed hij helemaal niets en waren ze sowieso niet van plan om hem in leven te laten. Ze droegen immers geen bivakmutsen. Wel capuchons, maar die stonden gezichtsherkenning niet in de weg.

Toen het schot klonk, kromp ik ineen en keek ik in paniek naar de overvaller die zijn wapen op mij had gericht.

'Schoten ze zonder enige aanleiding?' vraagt de rechercheur tegenover me.

Ben Dijkstra heet hij en hij klinkt als een man van een jaar of veertig. Hij is gezet en zijn hoofd glimt onder de tl-verlichting.

'Dat weet ik niet. Iemand nam hem mee naar achteren.'

'En wat deden die andere twee intussen?'

'De vitrines leeghalen. Dat wil zeggen, een van hen. De ander hield mij onder schot. Hij stond op enige afstand, dus ik kon hem niet goed zien.'

'Kun je ons uitleggen hoe slecht je eigenlijk ziet?' vraagt Dijkstra.

'Erg slecht. Zoals ik al zei, zie ik alles wazig. Details kan ik niet onderscheiden, ik zie alleen silhouetten en grotere vormen. En ik mis grote stukken uit het normale gezichtsveld, waardoor ik geen overzicht heb. Het is heel lastig om uit te leggen wat ik wel en niet zie. Het is ook afhankelijk van de lichtinval.'

'Zie je wel kleur?'

Ik knik. 'Vooral felle kleuren zoals geel en oranje. Donkere kleuren zijn moeilijker. Die kan ik niet goed van elkaar onderscheiden.'

'Zou je een beschrijving van de kleding van de daders kunnen geven?'

'Ze hadden donkere kleren aan, maar ik weet niet precies welke kleur. En ze droegen handschoenen, maar geen bivakmuts. Alleen capuchons. Dat vond ik nog zo vreemd. Misschien wilden ze onopvallend binnenkomen.'

'Of ze waren van tevoren al niet van plan om getuigen achter te laten.' Dijkstra kijkt op van zijn notitieboekje. 'Je hebt verdomd veel geluk gehad dat ze jou niet ook hebben neergeschoten. Wat zul je bang zijn geweest.'

Ja, ik was bang. Heel erg bang. Ik kan me niet herinneren dat ik veel dacht, of dat er allerlei visioenen door mijn hoofd gingen. Ik stond daar maar, helemaal verstijfd, met het pistool op me gericht.

Om me heen klonk het gerammel van glazen deurtjes en vitrines die werden opengemaakt, en het lawaai waarmee de overvaller de buit in plastic zakken gooide.

Ondanks de dreiging van het pistool had ik hoop dat de overvaller tegenover me niet zou schieten. Mijn stok bezorgde me een aura van hulpeloosheid dat ik volledig uitbuitte.

Ik hield mijn blik op een vast punt gericht en zorgde ervoor dat ik geen onverwachte bewegingen maakte. Ik probeerde zelfs zo min mogelijk in en uit te ademen, zodat hij zich niet zou storen aan het pieperige geluid dat ik voortbracht. Het enige wat ik deed was strak voor me kijken, alsof ik niets zag.

Zomaar opeens liet de overvaller zijn pistool zakken en de opluchting golfde door me heen. Heel even maar, want zolang ze de winkel niet uit waren, kon er nog van alles gebeuren. Ik voelde dat de twee jongens naar me keken terwijl ze naar achteren liepen.

Met een bijna bovenmenselijke inspanning onderdrukte ik de neiging achterom te kijken of op een andere manier te verraden dat ik niet volledig blind ben. Ik bleef roerloos staan terwijl steeds dezelfde mantra door mijn hoofd dreunde: Ga weg, ga weg, ga weg.

En toen waren ze verdwenen.

Opeens was het doodstil. Een maalstroom van opluchting, ontzetting en ongeloof kolkte door mijn lichaam, dat nog steeds strak stond van de spanning. Ik kon nauwelijks bevatten wat er was gebeurd, durfde geen stap te verzetten.

Toen ik erop vertrouwde dat de overvallers echt weg waren, pakte ik mijn mobieltje. Op dat moment merkte ik hoe bang ik was geweest; mijn handen waren klam en ze trilden zo dat ik mijn telefoon bijna liet vallen. Pas na een paar pogingen lukte het me om verbinding te maken.

'Alarmcentrale 112, waarmee kan ik u van dienst zijn?'

'Met Manon Jonker. Ik bel vanuit juwelierszaak Van Berkhout. Er is hier net een overval geweest.'

'Zijn er gewonden gevallen, mevrouw?'

'Ik weet het niet, ik ben slechtziend. Er is wel geschoten, achter in de zaak.'

'Wat is het adres, mevrouw?'

Ik had geen idee, noemde de naam van het winkelcentrum en mijn woonplaats. Dat leek genoeg te zijn, want de vrouw deelde op zakelijke toon mee dat de politie en een ambulance onderweg waren.

Ik prevelde een bedankje en hing op, al wist ik niet of dat de bedoeling was. Met mijn mobieltje in mijn hand geklemd kwam ik in beweging. Steun zoekend bij de toonbank liep ik naar achteren, het keukentje door, het kantoortje in.

Het vertrek bestond uit niet veel meer dan donkere

vlakken en ongedefinieerde vormen. Ik durfde amper een stap te zetten; Rob zou aan mijn voeten kunnen liggen, ik zou over hem kunnen struikelen.

Op de tast zocht ik het lichtknopje, maar de tl-buis die aansprong maakte de situatie er niet veel beter op. Het felle licht verblindde me, zodat ik helemaal niets meer zag. Nadat mijn ogen zich een beetje aangepast hadden, doemde er een grote rode plas voor me op.

Ik zakte neer op mijn knieën en liet bevend mijn handen rondgaan tot ze op Robs lichaam stuitten. Hij lag op zijn rug, zijn ene been onder het andere gevouwen, één hand gespreid over de vloer, de andere op zijn borst.

Angstig onderzocht ik of er ergens bloed stroomde, of ik iets kon doen.

Zijn overhemd voelde droog aan. Ik liet mijn handen naar boven gaan, naar zijn hoofd. Mijn vingers gleden door dik, stroperig vocht. Met een zachte kreet trok ik mijn hand terug.

'Rob, Rob!' zei ik dringend, maar er kwam geen reactie.

Wat moest ik doen? Mond-op-mondbeademing? Dat leek me niet veel zin hebben bij iemand die een gat in zijn hoofd had. Maar ik moest wel íéts doen.

Ik bracht mijn wijs- en middelvinger naar Robs hals, maar ik trilde te erg om te kunnen voelen of de halsslagader nog klopte. Mijn handen waren plakkerig van het bloed en opeens werd het me te veel.

Diep vanbinnen stortte iets in dat me al die tijd op de

been had gehouden. Ik begon ongecontroleerd te trillen, kreeg het benauwd en hapte naar adem. Zittend naast Robs lichaam wachtte ik hyperventilerend op de politie en de ambulance.

Ik moet zeggen dat ik goed ben opgevangen. Zowel de rechercheurs als het ambulancepersoneel hebben zich uitgebreid om me bekommerd en me alle tijd gegeven om tot mezelf te komen. Pas toen ik wat rustiger was, namen ze me mee naar het politiebureau voor het verhoor, en daar zit ik nu nog steeds.

Het spijt me dat ze zo weinig aan mijn getuigenis hebben. Ik heb alles gezien en tegelijk zo weinig. Die jongens waren niet vermomd en toch kan ik amper een beschrijving van hen geven.

'Dat is waarschijnlijk de reden dat je nog leeft,' zegt rechercheur Dijkstra weinig tactvol. 'Ze dachten dat je helemaal blind was. Het maakt niet uit dat je niet veel kunt vertellen, we zijn blij met ieder stukje informatie.'

Ze hadden donker haar, dat is het enige wat ik kan zeggen. Twee van hen spraken met een accent dat ik niet kon thuisbrengen. Het leek wel Russisch.

'Pools misschien?' suggereert Van Vliet, de andere rechercheur.

'Misschien. Ik weet niet hoe Pools klinkt,' zeg ik. 'De ander sprak goed Nederlands. Ze leken er niet mee te zitten dat er bewakingscamera's waren.'

'De camera's werkten niet,' zegt Van Vliet. 'Blijkbaar wisten ze dat.'

Ze vragen of ik slachtofferhulp nodig heb. Dat weet ik niet, ik denk van niet, maar voor de zekerheid pak ik de folder die ze me aanreiken maar aan.

Dan bedanken ze me voor mijn tijd en geven me een kaartje, zodat ik kan bellen als me nog iets te binnen schiet. Omdat ik nog steeds amper op mijn benen kan staan, word ik door een geüniformeerde collega van de rechercheurs naar huis gebracht.

Als de politiewagen voor mijn deur stilhoudt, stap ik zo snel mogelijk uit. Ik vermoed dat er op dit moment heel wat mensen voor de ramen verschijnen of op straat hun pas inhouden.

Ik bedank de agent en loop haastig de kleine voortuin door. Zodra ik de sleutel in het slot steek – wat altijd een gehannes is maar wat vandaag in één keer lukt – zie ik door het glas van de voordeur Max' silhouet al in de gang. Als ik binnenkom danst hij uitgelaten om me heen. Hij heeft geleerd niet tegen me op te springen, maar het kost hem iedere keer de grootste moeite.

'Braaf Max, blijf maar laag. Brave hond. Dag jongen, ben je zo blij dat ik thuis ben?' Ik knuffel mijn hond, sla mijn armen om zijn nek en begraaf mijn gezicht in zijn dikke vacht. Zo blijf ik enige tijd zitten, tot Max vindt dat het mooi is geweest en hij wegrent om een speeltje te zoeken.

Moeizaam kom ik overeind en loop de kamer in. 'Bibi?'

Stilte is mijn antwoord. Ik werp een blik op de klok aan

de wand, die zo groot is en zulke enorme wijzers heeft dat zelfs ik ze kan zien. Het is bijna zeven uur, maar Bibi is nog niet eens thuis van haar werk.

De behoefte om mijn verhaal te doen is zo groot dat ik rusteloos door de kamer drentel, de telefoon pak en hem weer neerleg. Om iets te doen te hebben, begin ik alvast aan het avondeten. Bibi staat erop dat zij kookt nadat ik me één keer verbrand heb toen ik het gas niet goed had uitgedraaid. Sindsdien koken we met inductie, maar ook dan gaat er nog weleens iets mis. Bij ieder product moet ik mijn loep gebruiken om te kijken wat ik in mijn handen heb, zodat ik geen azijn in plaats van olijfolie in de pan giet. De maaltijd die ik serveer valt regelmatig anders uit dan het recept voorschrijft. Maar laten we eerlijk zijn, dat komt ook doordat ik bijna niet de kans krijg om ervaring op te doen. Bibi is dol op koken en ze kan het goed. Voor mij is het altijd een heel gedoe, zeker als ik moe ben, maar dat betekent niet dat ik het prettig vind dat zij die taak altijd op zich neemt.

Per slot van rekening heb ik tijdens mijn revalidatie bij Koninklijke Visio, het expertisecentrum voor blinden en slechtzienden, geleerd om voor mezelf te zorgen en daar ben ik ook uitstekend toe in staat. Het duurt alleen wat langer.

Ik heb net de aardappelen geschild en de sperziebonen afgehaald als Bibi thuiskomt. Ze werkt als bedrijfsleider in een kledingzaak, waar ze niet alleen verantwoordelijk is voor de dagelijkse gang van zaken maar ook voor de inkoop, wat betekent dat ze nogal eens op zaterdag moet werken. En dan niet van negen tot vijf. Zelf werk ik drie dagen per week, waardoor ik vrij veel alleen zou zijn als mijn ouders niet zo'n beetje om de hoek woonden.

Net als ik zout op de aardappelen strooi, komt Bibi de keuken binnen.

'Hoi,' zegt ze een beetje ademloos, zoals altijd als ze moe is. 'Alles goed? Gooi je er niet te veel op?'

'Nee, het is precies goed. Drukke dag gehad?'

'Nogal. Gedoe met een verkeerde levering. Ik zal je de details besparen.' Ze komt naast me staan en licht het deksel van de pan op. 'Hoe lang koken ze al?'

'Ik heb ze net opgezet.'

Met een heel subtiele beweging manoeuvreert Bibi zich achter het fornuis, zodat ik gedwongen word een stapje opzij te doen. Terwijl ze toch maar alle details vertelt over de verkeerde levering, neemt ze het roer over.

Bibi is vier jaar ouder dan ik, al zou je dat niet zeggen. Vaak denken mensen dat ik bij mijn zus woon om op háár te passen in plaats van andersom. Zo serieus als ik ben, zo luchthartig danst Bibi door het leven. Ze heeft het ene vriendje na het andere en komt met de vreemdste types thuis, om ze na een paar weken weer te dumpen. Op dit moment is er niemand in haar leven, wat ik wel prettig vind. Hoe gezellig het ook is om een huis te delen, ik zit niet altijd te wachten op het gerotzooi van mijn zus en haar nieuwste verovering als ik thuiskom.

'Er was een overval in de zaak van Rob.' Halverwege

Bibi's verhaal val ik haar in de rede.

'Wat?' Bibi draait zich naar me toe. Haar stem klinkt geschokt. 'Wanneer?'

'Daarnet, toen ik er was. Ik zat net op het toilet, en toen...' Onverwacht wordt mijn keel dichtgeknepen. Het is alsof vanbinnen een brok losschiet die in mijn luchtpijp blijft steken en nog maar een fractie van de zuurstof doorlaat die ik nodig heb om mijn verhaal te kunnen doen. Om überhaupt te kunnen ademen en rechtop te blijven staan. Mijn evenwicht, dat toch al niet mijn sterkste punt is, laat me in de steek en de keuken draait om me heen.

Met zachte dwang begeleidt Bibi me naar de bank. 'Ga zitten en vertel. Wat is er gebeurd?'

Ik streel Max, die naast me komt zitten en zijn kop op mijn been legt.

'Ik had mijn armband naar Rob gebracht om de sluiting te laten repareren en ik ging daar even naar de wc. Toen ik terug in de winkel kwam, stonden er opeens drie jongens. Ze waren gewapend en begonnen te dreigen. Een van hen richtte zijn pistool op mij, de ander nam Rob mee naar achteren, naar de kluis, en de derde begon de vitrines leeg te halen. Het ging zo snel dat ik amper besefte wat er gebeurde.'

'Wat zeg je nou!' roept Bibi. 'Wat verschrikkelijk! Vandaar dat je zo witjes ziet. Is alles wel goed met je?'

'Ja.' Mijn stem klinkt hees. 'Maar met Rob niet. Ze hebben hem neergeschoten. Hij is dood.'

Ik hoor hoe Bibi haar adem inzuigt en hem langzaam weer laat ontsnappen. 'Nee,' fluistert ze. 'Dus dat was er aan de hand toen ik langs het winkelcentrum fietste. Ik zag de afzetting wel en de groepjes mensen, maar ik kon niet zien wat er was gebeurd. O Manon, wat erg! Die arme Rob! Je hebt toch niet gezien hoe ze hem...' Haar stem stokt, ze knijpt zo stevig in mijn hand dat het pijn doet.

'Nee, ze hadden hem mee naar achteren genomen. Intussen hielden ze mij onder schot. Ik denk dat ze niet hebben geschoten omdat ze dachten dat ik helemaal blind was.'

'Had je Max bij je?'

'Nee, alleen mijn stok. En dat is maar goed ook. Ik weet niet wat Max zou hebben gedaan.'

Bibi kijkt naar Max en aait hem eveneens over zijn kop. 'Misschien wel helemaal niets. Hij is niet opgeleid als waakhond. Hij is ook helemaal niet agressief.'

'Nee, maar ik ben toch blij dat ik hem niet heb meegenomen. Als hij was gaan blaffen, hadden ze hem zeker neergeschoten.'

'Ik ben vooral erg blij dat ze jóú niet hebben neergeschoten.' Bibi slaat haar armen om me heen en houdt me stevig vast. 'Mijn god,' mompelt ze, alsof het nu pas allemaal echt tot haar doordringt.

Ik sla mijn armen ook om haar heen en geruime tijd zitten we zo, dicht tegen elkaar aan, tot de aardappelen overkoken.

Na even nadenken besluit ik mijn ouders niet te vertellen wat er is gebeurd. Het kost me ook niet veel moeite om Bibi over te halen haar mond te houden. Pap en mam zijn zo bezorgd om mij dat ze in staat zijn me bij iedere stap die ik doe te begeleiden. Vanaf de dag dat ik mijn zicht bijna helemaal verloor, zijn ze voor een groot deel hun zorgeloosheid kwijtgeraakt. Angst voor de toekomst kwam ervoor in de plaats. Die angst geef ik liever geen nieuwe impuls. Ik heb Bibi om mee te praten, desnoods wend ik me tot de mensen van slachtofferhulp, maar eigenlijk denk ik dat ik het zelf wel een plaats kan geven. Praten is zo'n overschatte manier om dingen te verwerken. Persoonlijk geloof ik meer in de kracht van verdringing. Niet te veel aan denken, gewoon doorgaan met je leven. Maar misschien heeft het leven mij wel meer gehard dan anderen. Zo jong als ik was heb ik moeten vechten voor mijn plekje in de wereld, voor alles wat voor anderen zo vanzelfsprekend was en wat mij zoveel energie kostte.

Vanaf mijn geboorte ben ik slechtziend. Eerst alleen aan mijn linkeroog, dat een gezichtsscherpte van slechts tien procent heeft. Primair glaucoom heet dat, een aandoening waarbij de vezels van de oogzenuw beschadigd zijn.

Mijn aanvankelijk goede rechteroog raakte beschadigd door een val in doornstruiken, waardoor ik blind raakte aan dit oog. Ik was pas twee, dus ik kan me niet veel van het ongeluk herinneren, en nog minder van hoe het was om met één oog goed te zien. Vanwege mijn oogaandoening en het ongeluk zie ik alles heel wazig en ontbreekt er een deel van mijn gezichtsveld. Ik zie de wereld door een tunnel, alsof ik door een wc-rol naar een beslagen ruit kijk.

Mijn ouders vonden het belangrijk dat ik niet naar een speciale instelling ging, maar 'gewoon' opgroeide. En dus ging ik naar de kleuterschool in de buurt en speelde ik buiten met mijn vriendinnetjes. De eerste jaren van de basisschool fietste mijn moeder met me mee naar school, mij vasthoudend bij mijn schouder, later ging ik alleen of met Bibi.

Nu zeggen ze dat ze zich niet realiseerden hoe weinig ik zag, anders hadden ze me nooit laten gaan. Maar ik wist niet beter, dus ik handhaafde me. Ik leerde mijn oren te gebruiken in het verkeer: hoorde of er een auto of brommer aankwam en anders reed ik gewoon achter vreemden aan. In die tijd hebben heel wat onbekenden zonder het te weten als mijn begeleider gefungeerd.

Op school had ik eigenlijk alleen een probleem als het schoolbord werd gebruikt. Gelukkig had ik heel hulpvaardige leraren en werd alles wat ik moest weten opgeschreven en uitvergroot. Gymmen deed ik op gevoel, met hardlopen liep de gymleraar met me mee.

Later, toen ik naar de middelbare school ging, werd de wereld steeds digitaler. Dankzij mijn laptop was studeren niet het grootste probleem. De weg vinden in de doolhof van de gangen van de middelbare school vormde ook niet zo'n uitdaging. Dat was uitgaan in discotheken, waar de felgekleurde lampen me totaal verblindden, en ik door het dansen gedesoriënteerd raakte.

Maar dat nam ik op de koop toe. Meedoen was het belangrijkste, zonder stok en zonder hond, want als puber wil je niet buiten de groep vallen.

Pas veel later, toen ik als student de straat overstak en onder een auto kwam die ik volledig over het hoofd had gezien, begreep ik dat het zo niet langer ging. Ik brak mijn studie af en meldde me aan bij revalidatiecentrum Visio Het Loo Erf in Apeldoorn.

Ik heb niet veel blinde of slechtziende vrienden. Vroeger wel, toen ik midden in mijn revalidatietraining bij Visio zat, en daarna hielden die vriendschappen nog een tijdje stand. Maar na verloop van tijd verwaterden ze toch. Het is lastig om contact te houden als iedereen door het land verspreid woont. Reizen is sowieso vermoeiend als je slecht ziet. Alle handelingen die ziende mensen gedachteloos uitvoeren, kosten mij zoveel energie dat ik bekaf ben als ik op mijn bestemming aankom. Ook al heb ik Max, ik moet altijd alert zijn. Er zijn nou eenmaal dingen die zelfs voor een geleidehond te hoog gegrepen zijn, zoals de juiste bus of trein vinden. Bussen kan ik nog wel zien staan, maar de nummers voorop zijn voor mij vaak niet te lezen. En aangezien Max het alfabet nog niet onder de knie heeft, is het aan mij om uit te zoeken welke we moeten hebben. Meestal vind ik wel iemand die me wil helpen, maar in de spits, als iedereen haast heeft, liggen de prioriteiten van mijn medereizigers heel anders. Als het druk is, wordt het bijvoorbeeld een hele toer om een zitplaats te vinden. Niemand staat voor je op en ik heb niet altijd zin om een drama te maken bij de invalidenzitplaats. Naar de mening van veel mensen mankeer ik iets aan mijn ogen, niet aan mijn benen en kan ik dus best staan. Dat is waar, maar als je slecht ziet is het moeilijk om in al die bochten je evenwicht te bewaren.

Dus reizen gaat wel, maar de afstand moet niet te groot zijn. Waardoor er uiteindelijk toch niet veel van komt.

Gek genoeg ben ik me er niet continu van bewust dat ik zo weinig zie. Ik weet niet beter. Ik weet wel dat ik in vergelijking met goed zienden heel onscherp zie, en dat het niet normaal is om vrijwel niets meer te zien als het schemerig wordt. Het aantal builen en blauwe plekken dat ik in de loop der jaren heb opgelopen door tegen glazen deuren aan te botsen, me te stoten en over dingen te struikelen, is niet te tellen.

Ik heb ermee leren leven dat ik het niet altijd alleen red, dat ik een geleidehond en een stok nodig heb, en dat ik regelmatig om hulp moet vragen. Dat is niet gemakkelijk, nog steeds niet. Maar het is niet anders.

Tijdens het eten hebben we het onafgebroken over de overval, en ook tijdens het opruimen kom ik er steeds op terug. Later op de avond biedt de televisie wat afleiding, tot het achtuurjournaal begint. Ik ben er helemaal niet op voorbereid dat er aandacht aan de overval wordt besteed en ik schiet overeind als de nieuwslezer erover begint.

In Nijmegen is vandaag een brute overval gepleegd op een juwelierszaak, met fatale gevolgen voor de eigenaar. De man werd kort voor sluitingstijd verrast door drie jongemannen die gewapend en met capuchons op de winkel binnenkwamen. De man werd mee naar achteren genomen, waar hij werd doodgeschoten. In de winkel was ook een klant aanwezig, een tweeëntwintigjarige vrouw. Zij bleef ongedeerd, maar kon door haar slechtziendheid slechts een summiere beschrijving van de daders geven. Het politieonderzoek is in volle gang, maar er zijn nog geen aanhoudingen verricht.

Er worden beelden getoond van het winkelcentrum en de pui van de juwelierszaak. We hebben een flinke televisie met lcd-scherm, waar ik ongeveer een meter van af zit. Toch zie ik niet alles. Ik ga nog dichterbij zitten en krijg een indruk van politiemensen die achter de afzetting van linten staan en van mannen in witte pakken die in de winkel rondlopen. Gelukkig zijn er geen beelden van mij. Om mijn identiteit te beschermen ben ik door de achteruitgang naar buiten gebracht en werd ik meteen in een politiewagen gezet.

'De kranten zullen er maandag wel vol van staan,' zegt Bibi. 'Zouden pap en mam niet gaan nadenken als ze dit zien? Misschien moeten we het hun toch maar vertellen.'

'Ja,' geef ik toe. 'Misschien wel. Maar vanavond moeten ze dansen, dus ze zullen het journaal wel gemist hebben. Ik ga morgen even naar ze toe.'

Op dat moment gaat de vaste telefoon. Veelbetekenend kijken we elkaar aan. Bibi pakt het toestel van de vensterbank en neemt op. 'Hé, Nora. Heb je het gezien? Ja, dat ging over Manon, ze was erbij. Nee, ze heeft niets. Wil je haar even?'

Met enige tegenzin neem ik de telefoon van Bibi aan. Terwijl ik met Nora praat, komt mijn iPhone tot leven. Het ene belletje na het andere kondigt aan dat er sms'jes binnenkomen. Ik heb nog maar net een einde aan het gesprek met Nora gemaakt als mijn mobieltje begint te rinkelen. 'Rutger', zegt mijn iPhone.

Ik plaats mijn vinger op de display en beweeg hem tot ik 'beantwoord' hoor. Ik tik twee keer op het schermpje en dan heb ik verbinding.

'Met Manon.'

'Dag schoonheid,' zegt Rutger. 'Wat hoor ik nou? Dat bericht op het journaal ging toch hopelijk niet over jou?'

'Jawel,' zeg ik, en hij slaakt een kreet van schrik.

'Echt waar? Goeie genade! Wat een mazzel dat ze niet op jou geschoten hebben! Hoe is het mogelijk! Waarom eigenlijk niet? Ze dachten zeker dat je helemaal blind was?'

'Ja, dat denk ik,' zeg ik. Ergens achter me begint de vaste telefoon opnieuw te rinkelen. Bibi neemt op. Terwijl ik met Rutger praat, hoor ik haar mijn verhaal vertellen aan wie er ook belt.

Dat gaat een tijdlang zo door, tot de meeste vrienden op de hoogte zijn. Vermoeid kijken we elkaar aan.

'Het is natuurlijk wel goed voor je verwerkingsproces,' zegt Bibi, 'maar kun je de anderen niet even mailen?'

'Daar heb ik nu echt geen zin meer in. Ik doe het morgen wel. Is er niet een leuke film op tv?'

Bibi pakt de afstandsbediening en zapt wat langs de kanalen. Er is een thriller bezig met Harrison Ford, waarin hij zijn gegijzelde gezin probeert te bevrijden. Op het moment dat er een pistoolschot klinkt, zapt Bibi snel verder. Een gezellig oer-Hollands familiespelprogramma vult het scherm.

'Dit maar doen?' stelt Bibi voor. 'Met chips en een wijntje?'

'Dat heb ik wel verdiend.'

Bibi springt op en loopt naar de keuken terwijl ik op mijn telefoon de lijst binnengekomen sms'jes afluister. Morgen echt even die mail schrijven. Als het inderdaad in de krant komt te staan, kan ik nog meer ongeruste reacties verwachten.

Op dat moment dringt het tot me door dat de daders waarschijnlijk ook naar het journaal hebben gekeken. En dat ze morgen de krant lezen. Hoe zullen zij reageren als ze te weten komen dat ze niet met een blinde getuige te maken hadden, maar met iemand die nog wat kan zien? Ik word koud van schrik bij die gedachte.

Rustig, spreek ik mezelf toe. Ze weten niet wie je bent en waar je woont.

Maar daar is gemakkelijk achter te komen. In het winkelcentrum ben ik met mijn stok en hond bepaald geen onopvallende verschijning. Iemand die voorzichtig wat rondvraagt, komt er misschien niet achter waar ik woon, maar wel hoe ik heet.

Met een kussentje stevig tegen me aan gedrukt, alsof dat me kan beschermen, zit ik op de bank. Bibi komt aanlopen met een schaal chips, twee glazen en een fles chardonnay.

'Bieb,' zeg ik met een angstig stemmetje. 'Denk je dat die daders achter me aan zullen komen als ze ontdekken dat ik niet helemaal blind ben?'

Het blijft even stil. Vol aandacht schenkt Bibi de glazen vol en zet de fles met een iets te harde klap op tafel.

'Daar zat ik ook net aan te denken,' bekent ze.

Ongerust kijken we elkaar aan.

'Nee,' zegt Bibi dan. 'Ik denk niet dat ze dat zullen doen. Er is toch duidelijk gezegd dat je de politie geen beschrijving kon geven van de daders?'

'Geen goede beschrijving,' corrigeer ik. 'Of iets dergelijks. Ik weet niet meer wat ze precies hebben gezegd op het journaal.'

Zonder te gaan zitten pakt Bibi de afstandsbediening en richt hem op de tv. Het is bijna tien uur, over een paar minuten begint het journaal. Het spelprogramma is vergeten, we wachten tot het nieuws begint en luisteren scherp als het item over de overval weer aan bod komt.

'Een summiere beschrijving,' zegt Bibi. 'Ze hadden het over een summiere beschrijving. Dat klinkt niet alsof de politie veel aan je gehad heeft.'

'Dat hadden ze ook niet.'

'Dan zou ik me maar geen zorgen maken.' Vastbesloten zapt Bibi naar het spelprogramma en neemt een hand chips.

Ik breng het glas wijn naar mijn mond en neem een slok. En nog een, en nog een. Het glas is zó leeg. Normaal gesproken drink ik niet zoveel, maar nu schenk ik mezelf vlot bij.

Tegen elven stommel ik de trap op naar mijn slaapkamer en laat me zonder te douchen of mijn tanden te poetsen in bed vallen. Maar het waas van alcohol dat mijn hersens benevelt, dekt de ongerustheid niet volledig toe. Zelfs als ik eindelijk in slaap val, blijft mijn onderbewustzijn me waarschuwen voor de dag van morgen.

De zondag begint rustig en gaat in hetzelfde kalme gangetje voorbij. Geen hordes journalisten voor de deur, geen brandbommen in de brievenbus, geen paniekerige ouders die me uit bed bellen.

Wat je je ook hebt voorgenomen, er zijn dingen die je niet voor je ouders verborgen kunt houden, en dus ga ik om een uur of elf bij hen langs.

Mijn ouders, Lisanne en Ruud, zijn actieve, fitte vijftigers die veel reizen, sporten en dansen. Daardoor zijn ze vaker niet dan wel thuis, je moet echt een afspraak met hen maken. Behalve op zondag. Dan slapen ze tot tien uur uit en zitten ze in ochtendjas in de kranten te bladeren, die ze zaterdagochtend allemaal kopen. Om een uur of één gaan ze pas in de kleren om een wandeling door het bos te maken of, op een mooie dag, in hun riante achtertuin te werken.

Als ik tegen elven arriveer, zitten ze midden in hun krantenritueel. Ze begroeten me ontspannen; het is duidelijk dat ze niets van de overval hebben meegekregen.

'Koffie?' vraagt mijn vader. Nog voor ik antwoord heb kunnen geven, staat hij op en loopt naar het strakke, hypermoderne espressoapparaat dat staat te glimmen op het aanrecht.

'Lekker.' Ik doe Max' tuig af, trek mijn jas uit en ga aan de keukentafel zitten. Max loopt meteen naar mijn vader toe.

'Zo, ouwe jongen. Heb je trek?' Mijn vader haalt een koekje tevoorschijn en geeft het aan Max. 'Hij duwde zijn neus tegen de la. Hij weet precies waar ze liggen,' zegt hij lachend. 'Mag hij er nog een, Manon?'

'Natuurlijk weet hij precies waar ze liggen,' zegt mijn moeder zonder op te kijken van de krant. 'Dat beest is slimmer dan jij.'

Mijn moeder heeft het niet zo op honden. Althans, niet in haar huis. En zeker niet als ze in de rui zijn, zoals

Max nu. Ik weet dat ze straks, als we weg zijn, meteen gaat stofzuigen. Toch is ze erg op Max gesteld. Ondanks haar afkeer van zijn geur en haren heeft ze hem in haar hart gesloten als een volwaardig gezinslid. Een gewone hond zou het nooit zo ver geschopt hebben, hij zou het huis niet eens zijn binnengekomen, maar dankzij Max hoeft mijn moeder zich niet meer zoveel zorgen over mij te maken.

'Waar is Bibi?' Mijn vader zet een koffiekopje voor me op tafel. 'Ligt ze nog in bed?'

'Ja, het is zondag. Dan slaapt ze uit.'

'Jij normaal gesproken toch ook? Je bent vroeg vandaag.'

'Ik kon niet meer slapen. Ik heb sowieso niet zo goed geslapen vannacht.'

'Jullie moeten niet naar die horrorfilms kijken. Ik zou ook geen oog dichtdoen.' Mijn moeder vouwt de krant dicht en roert in haar koffie.

'Nou, ik heb gisteren iets meegemaakt waarbij iedere horrorfilm verbleekt. De juwelierszaak van Van Berkhout is overvallen.'

Daar kijken ze allebei van op. 'Rob van Berkhout? Wat erg! Dat is al de derde keer. Hoe is het met hem?' vraagt mijn moeder bezorgd.

Ik haal diep adem en laat de eerste bom vallen. 'Hij is neergeschoten, mam. Hij is dood.'

Een loodzware stilte daalt neer over tafel. Mijn ouders zijn ook vaste klant bij Van Berkhout. Rob was een gezellige kerel en vooral mijn moeder kon eindeloos met hem staan kletsen.

'Dood?' fluistert mijn moeder. 'Wat verschrikkelijk!'

Mijn vader mompelt iets waarvan ik alleen het woord 'tuig' en wat godslasterlijke taal opvang. Ik had hen de tweede bom graag bespaard, maar dat gaat niet.

'Ik was erbij. Bij die overval bedoel ik. Maar ze hebben mij niets gedaan.' Ik zeg het zo achteloos mogelijk, alsof ik een toevallige voorbijganger was die een blik naar binnen heeft geworpen, maar er verder nauwelijks bij betrokken was.

Het duurt even voor mijn woorden tot mijn ouders doordringen. Ik kan hun gezichtsuitdrukking niet zien, maar het blijft lang stil.

'Hoe bedoel je, je was erbij? In de buurt, bedoel je? In het winkelcentrum?' vraagt mijn moeder.

'Nee, ik was in de zaak, mam. Ik was erbij toen die overvallers binnenkwamen. Dat wil zeggen, ik zat op het toilet. Toen ik de winkel in kwam, waren die gasten er opeens.'

Voor het eerst in mijn leven ben ik blij dat ik niet kan zien hoe de gezichten van mijn ouders staan. Dat ik niet in hun ogen kan kijken, de schrik en ontsteltenis niet kan peilen. Het geeft me de kracht om het verhaal op nuchtere, zakelijke toon te vertellen, alsof het niets met mij van doen heeft.

Heel rustig doe ik verslag van de gebeurtenissen. Van het pistool dat op mij gericht was. Hoe Rob mee naar achteren werd genomen. Van het schot dat klonk, de zaak die leeggeroofd werd. Hoe ze opeens vertrokken, ik 112 belde en toen naar Rob op zoek ging, om te kijken of ik iets voor hem kon doen.

Ondanks mijn voornemen niet in details te treden, heb ik meer verteld dan ik van plan was, meer dan mijn ouders aankunnen. De tranen van mijn moeder die tijdens haar omhelzing mijn wang bevochtigen, maken dat duidelijk.

'Het is goed, mam. Ze hebben me niets gedaan. Ze hielden me onder schot, maar ze dachten dat ik blind was. Ze hebben me daar gewoon laten staan.'

'Het had ook heel anders kunnen aflopen. Héél anders.' Mijn moeder houdt me vast alsof ik ieder moment uit haar armen gerukt kan worden. Met één hand streelt ze onophoudelijk mijn rug, met de andere veegt ze haar tranen weg.

'Mam, rustig nou. Het is goed afgelopen. O, ik wist het wel, ik had beter niets kunnen vertellen.'

'Onzin, natuurlijk moet je zoiets vertellen. Had je dit voor ons willen achterhouden?' Eindelijk laat mijn moeder me los, neemt een slok koffie en kalmeert een beetje.

'En nu? Heeft de politie al een idee van de identiteit van de daders?' Mijn vaders stem klinkt gespannen. Aan de lichte trilling erin hoor ik dat hij zijn best doet om een emotionele uitbarsting te voorkomen.

'Ik weet het niet. Volgens mij niet. Ze droegen geen bivakmutsen, maar ik kon natuurlijk geen beschrijving van ze geven. Wel een paar kleine dingen, maar of de politie daar nou veel aan heeft...' Ik streel Max, die zich tegen mijn been aan drukt. 'Het was gisteravond op het journaal. Er werden geen bijzonderheden over de daders gemeld, maar dat doen ze denk ik sowieso niet snel.'

Ik vertel maar niet dat ook de aanwezigheid van een tweeëntwintigjarige slechtziende vrouw vermeld werd. Dat daarmee voor iedereen die ons kent duidelijk is wie die vrouw is. En ook voor iedereen die ons niet kent. Ik heb het hart niet om die derde bom af te laten gaan.

Zolang ik me kan herinneren zijn mijn ouders bezorgd over mij. Natuurlijk is iedere ouder bezorgd over zijn kind, maar sinds het ongeluk waarbij ik het zicht in mijn goede oog verloor, hebben ze nauwelijks een dag doorgebracht zonder zich om mij te bekommeren. Terwijl dat echt niet altijd nodig is; ik red me prima.

Toch vonden ze het nodig om een huis te kopen voor Bibi en mij. Onder het mom van 'ons een goede start geven op de woningmarkt' verhuren ze ons een klein maar leuk huis, niet ver van de oude binnenstad en met een winkelcentrum en een park om de hoek.

Het is moeilijk om aan een betaalbare koopwoning te komen, en in het begin was het een erg goede oplossing. Ik geef toe dat ik het best eng had gevonden om zo kort na mijn revalidatie al zelfstandig te gaan wonen. Maar inmiddels heb ik wat meer zelfvertrouwen.

Wat mij betreft zou Bibi best op zichzelf kunnen gaan wonen als ze daar zin in heeft. Vroeg of laat, als ze een vaste relatie krijgt, komt dat er toch een keer van. Soms vraag ik me af of ze om mij een serieuze relatie uit de weg gaat. Ik heb het haar nooit gevraagd. Ze zou het toch in alle toonaarden ontkennen.

Als ik thuiskom is Bibi net op. Fris gedoucht zit ze aan de keukentafel een cracker met kaas te eten. 'Hoi,' zegt ze met volle mond. 'Ben je bij pap en mam geweest? Hoe reageerden ze?'

'Zoals verwacht,' zeg ik terwijl ik Max uit zijn tuig help. 'Maar toen ik wegging waren ze wel weer wat gekalmeerd.'

'Mooi zo. Zeg, Rutger belde net. We hebben om halfvijf afgesproken in De Drie Balken.'

Een beetje wezenloos kijk ik haar aan, herinner me dan ons uitje van vanmiddag. 'De kermis! Dat was ik helemaal vergeten. Gaat iedereen mee?'

'Bijna iedereen, dus dat wordt gezellig. We gaan eerst wat eten en drinken in de kroeg en daarna de kermis op.' Bibi staat op en zet haar bordje in de gootsteen. 'Dat komt goed uit, hè? Even wat leuks doen. Dat verzet je gedachten.'

Daar heeft ze gelijk in, al ben ik eigenlijk niet zo gek op kermis. Het is me te druk, te chaotisch. Omdat ik ook niet alleen thuis wil zitten, laat ik me meestal toch overhalen, om vervolgens totaal gedesoriënteerd uit de attracties te komen.

Deze keer niet, beloof ik mezelf. Ik heb mijn thrill al gehad. Ik ga hoogstens in de Polyp of het spookhuis, meer niet.

Tegen halfvijf verzamelen we in De Drie Balken, onze stamkroeg. Ze zijn er inderdaad allemaal: Nora, Sascha, Rutger, Eline, Ilse, Edwin, de hele groep. We kennen elkaar van de middelbare school, van sportclubs en van het uitgaan. Het zijn zowel Bibi's vrienden als de mijne. Toen we jonger waren, hadden we ieder onze eigen vrienden, maar die hebben zich in de loop der jaren gemengd. Met deze groep ben ik vertrouwd. Voor mijn vrienden ben ik niet dat meisje met die hond en die stok, ik ben gewoon Manon. Na al die jaren zeggen ze nog steeds 'hier' en 'daar', of 'kijk uit', en dat is prima. Als het erop aankomt weten ze precies wat ze wel en niet moeten doen. Zo zet niemand mijn glas op het randje van de tafel. En in heel drukke gelegenheden, waar hun stemmen in het lawaai wegvallen, noemen ze altijd even hun naam, zodat ik weet met wie ik praat.

Vanmiddag is de overval bij Van Berkhout natuurlijk het gesprek van de dag. Iedereen begint er weer over, en tegen iedere vriend of vriendin die binnenkomt kan ik mijn verhaal opnieuw doen.

'Was je niet ontzettend bang? Ik zou het in mijn broek gedaan hebben,' zegt Eline. 'Stel je voor, iemand die een pistool op je richt! En dan moeten wachten of hij gaat schieten of niet! Vreselijk.'

'Eerst was ik helemaal verdoofd,' zeg ik. 'Ik kon amper denken, laat staan bang zijn. Maar ergens in je onderbewustzijn weet je heel goed hoe groot het gevaar is, dus je lichaam reageert wel. Ik stond helemaal te bibberen.'

Iedereen reageert begripvol. We praten er nog een tijdje over door, maar dan vindt Bibi het genoeg geweest. 'Jongens, nu hebben we het er niet meer over. We gaan er een leuke avond van maken, oké?'

'Zo is dat. Ik trakteer.' Rutger loopt naar de bar om een bestelling te doen en even later wordt onze tafel vol gezet met schalen bitterballen en vlammetjes, die meteen weggegraaid worden. De glazen worden opnieuw gevuld en we worden steeds vrolijker en drukker. Na de bitterballen bestellen we allemaal patat met saté.

We drinken nog wat en dan gaan we de kermis op.

Het is eind augustus en nog licht buiten. Dat maakt het voor mij wat minder lastig om zonder Max' hulp over het terrein te lopen. Voor hem is het een zware taak om me door de drukte te leiden. Op veel plaatsen zijn er amper gaatjes in de menigte, je moet gewoon achter elkaar aan schuifelen. Tegen de herrie kan hij wel, al vindt hij het niet prettig. Maar voor mij is het ook weleens fijn om zonder geleidehond uit te gaan. Ik red me prima aan de arm van een van mijn vrienden. Mijn taststok heb ik voor de zekerheid wel bij me, opgeklapt en verscholen in mijn jaszak.

We zwerven van de ene attractie naar de andere, van de Psycho Onride naar de Cityhopper en de Inversion.

Als sommigen van onze groep ergens ingaan, wacht de rest en kijkt toe. Anderen stappen intussen in een andere attractie of wagen een kansje bij de muntjesschuiver en de knuffelgrijper.

Nora en ik trakteren onszelf op een enorme suikerspin, die zo zoet is dat ik vrees dat de vullingen uit onze kiezen zullen springen.

'Ik ga terug naar de anderen, loop je mee?' vraagt Nora. Ze voegt de daad bij het woord, zonder op mij te wachten. Dat is niet erg, want het is niet zo druk hier.

Ik wil haar volgen, kijk niet goed opzij en knal tegen iemand op, met suikerspin en al. Die ik ook nog eens op de grond laat vallen.

'O, sorry! Ik zag je niet aankomen,' zeg ik terwijl een warme blos van gêne zich over mijn wangen verspreidt.

'Geeft niet.' In een poging de suikerspin weg te krijgen veegt de jongen wat over zijn kleding, maar veel zin heeft het niet. 'Nou ja,' zegt hij op ontspannen toon, 'daar is het kermis voor, hè? Beter dit dan een plens bier.'

'Sorry,' zeg ik nog maar een keer.

'Nee, het spijt mij. Nu ligt je suikerspin op de grond. Wacht, ik haal een nieuwe voor je.' Zonder op mijn protest te letten, stapt hij naar de suikerspinnenkraam en even later komt hij met twee exemplaren aanstappen. 'Ik heb er zelf ook maar een genomen,' zegt hij. 'Proost.'

Hij tikt zijn spin tegen de mijne en ik schiet in de lach. 'Proost. Waarop eigenlijk?'

‘Op een leuke avond, natuurlijk. Ben je hier alleen? Nee, vast niet.’

‘Ik ben met een groep vrienden. De helft hangt nu ondersteboven in een of andere attractie en de rest staat te gokken.’

‘En jij dacht: ik ga een suikerspin halen. Dan ben ik straks lekker misselijk in de Inversion.’

‘Daar zul je mij niet zien instappen. Ook zonder suikerspin word ik daar kotsmisselijk van. En doodsbang.’

De jongen lacht. Ik schat hem van mijn leeftijd. Hij is donkerblond en even lang als ik, meer kan ik er niet van zeggen. Maar hij lacht leuk en hij heeft een prettige stem. Hoe lang is het geleden dat ik op zo’n vanzelfsprekende manier met iemand in gesprek ben geraakt? En dat zonder de vraag of ik een blindengeleidehond aan het trainen ben, waarna ik moet uitleggen dat ik hem zelf hard nodig heb, en er altijd vervolgvragen komen. Ik leg graag alles uit, maar het is ook weleens prettig om het over iets anders te hebben. Zeker met een leuke jongen van mijn leeftijd.

‘Ik ben Sven,’ zegt de jongen. ‘Vijfentwintig jaar, vrijgezellig.’

Ik schiet weer in de lach. ‘Ik ben Manon, tweeëntwintig jaar. Ook vrijgezellig. Zeg je altijd je leeftijd erbij als je iemand ontmoet?’

Hij haalt zijn schouders op. ‘Ik ben eens verliefd geworden op een meisje van wie ik dacht dat ze even oud was als ik. Ze bleek vijftien te zijn. Het is soms zo moeilijk om iemands leeftijd te schatten, vind je niet?'

'Nou,' beaam ik.

Er valt een stilte die, naarmate hij langer duurt, iets ongemakkelijks krijgt. Zou hij mijn taststok hebben gezien? Die zit dan wel in mijn jaszak, maar er steekt nog een stukje bovenuit. Of zou hij gewoon om een gespreksonderwerp verlegen zitten?

'Wat heb je daar nou in je zak zitten?' zegt hij opeens.

Dus toch. Dan maar openheid van zaken geven. Ik haal de taststok tevoorschijn en klap hem open.

'Wat is dat? Heb je die net gewonnen?' vraagt Sven.

'Nee, dat is mijn taststok. Ik ben slechtziend,' zeg ik zo luchthartig mogelijk.

Weer valt er een stilte, die ik deze keer niet verbreek met een uitgebreide uitleg. Ik wacht af.

'O,' zegt Sven na een hele tijd. 'Sorry. Ik dacht...'

Op dat moment duikt Bibi op.

'Hé, ik zocht je,' zegt ze tegen mij. 'We gaan naar het Fun Circus, ga je mee?'

'Ik ga ook weer verder. Ik zie je nog wel.'

Weg is Sven. Gelaten kijk ik hem na.

Ik ben tweeëntwintig en heb nog maar één keer verkering gehad. Dat was op mijn zestiende en het heeft niet lang geduurd.

Mijn relatie met Tim was kort maar heftig. In totaal zijn we een paar weken met elkaar gegaan, waarbij we vooral binnen bleven en seks hadden. Niet dat ik daar iets op tegen had, maar ik vroeg me toch af of hij moeite had met mijn slechtziendheid. Net toen ik dat serieus ging geloven, begon hij me mee uit te nemen, al moest hij duidelijk al zijn creativiteit aanboren om iets te bedenken waar ik ook wat aan had. Hij kwam aan met kaartjes voor concerten waarvan ik vermoedde dat hij er helemaal geen belangstelling voor had. Eén keer huurde hij een tandem om samen te kunnen fietsen. Op zich een leuk idee, maar ik zat liever tegen hem aan dan ergens achter hem. Pas toen ik duidelijk maakte dat ik naar de bioscoop wilde, kwam er wat meer variatie in onze uitjes.

Waarom het uitgegaan is weet ik niet precies. Het is zo gemakkelijk om alles steeds op mijn slechtziendheid te gooien, maar is dat wel terecht? Misschien waren zijn gevoelens voor mij toch niet sterk genoeg of werd hij verliefd op een ander. Dat soort dingen gebeuren, in mijn vriendenkring hoor ik niet anders. Maar in tegenstelling tot mijn vriendinnen is het voor mij een stuk lastiger om snel weer een nieuw vriendje te vinden.

'Wie was dat?' vraagt Bibi nieuwsgierig.

'O, zomaar een jongen,' zeg ik. 'We botsten tegen elkaar op en toen raakten we aan de praat. Waar zijn de anderen?'

'Ze staan verderop, bij het Fun Circus. Nora en Sascha willen er niet in, dus jij kunt bij hen blijven.'

Ik knik; bepaalde attracties zijn echt niets voor mij. Terwijl de anderen in het Fun Circus lol maken, sta ik wat met Nora en Sascha te praten en probeer ik tegen beter weten in Sven ergens te onderscheiden.

Nora en Sascha gaan schieten, en terwijl zij vergeefs proberen de roos te raken, leun ik tegen de zijkant van de schiettent. Daar sta ik niet in de weg en kan ik proberen om iets van mijn omgeving in me op te nemen.

Ik schrik me lam als er opeens iemand achter me staat. Eerst denk ik aan een grapje van Rutger, maar de greep om mijn arm is te stevig en de stem die in mijn oor fluistert klinkt dreigend. 'Dus je kunt wél zien. Kop dicht over ons tegen de politie, begrepen? We weten je te vinden!'

Hij haalt de zijkant van zijn hand langs mijn keel en dan is hij verdwenen. Ik stort me naar voren en grijp Sascha beet. 'Hij was hier! Bel de politie!'

Ik weet niet of ik het heb geroepen of dat ik normaal praatte, maar de vrouw die ik aanklamp weert me geschrokken af. 'Laat me los, mens!'

Radeloos kijk ik om me heen naar Sascha en Nora. Waar zijn ze? Net stonden ze hier nog!

'Nora!' schreeuw ik en dan zijn ze er opeens weer.

'Wat is er? We staan vlak bij je. Je greep de verkeerde vast.' Nora giechelt, maar Sascha ziet blijkbaar de paniek op mijn gezicht. Ze geeft me een arm en neemt me gedecideerd mee naar een wat rustiger plekje. 'Wat is er gebeurd?' vraagt ze.

'Ik werd bedreigd,' stamel ik. 'Door een van die overvallers. Hij stond opeens achter me en greep me vast.'

'Wat? Nu net, toen wij aan het schieten waren? Wat zei hij?'

'Dat ik blijkbaar wel kon zien, dat ik mijn kop moet houden tegen de politie en dat ze me weten te vinden.' De weggestopte angst is terug, nog feller dan gisteren. Ik houd Sascha stevig vast zodat ik niet weer zo alleen en kwetsbaar ben, en kijk steeds om me heen. Er duiken voortdurend gestalten op aan de rand van mijn blikveld en iedere keer krijg ik bijna een hartverzakking.

'Ik wil naar huis. Waar is Bibi?'

'Ze zullen zo wel naar buiten komen. Rustig maar, Manon, we blijven bij je. We laten je niet alleen.'

'Laat me niet los.'

'Geen seconde. Stil maar.'

'Ik vind dat we naar de politie moeten gaan,' zegt Nora.

Dat vinden de anderen ook als ze nog nagierend van het lachen uit het Fun Circus komen en horen wat er gebeurd is. Bibi stelt zich meteen beschermend naast me op.

'Gaat het wel?' Bezorgd kijkt ze me aan. 'De klootzak, om je hier te komen bedreigen. Ik vind ook dat we naar de politie moeten.'

'Dat lijkt me niet verstandig. Niet nu,' zegt Rutger. 'Waarschijnlijk houden ze Manon in de gaten. Ze kan beter thuis even bellen.'

'Dat denk ik ook. Blijven jullie maar gewoon hier, hoor. Ik neem wel een taxi naar huis en dan bel ik de politie,' zeg ik. Ik meen het, voor geen prijs wil ik de avond van mijn vrienden door dit akkefietje verpesten. De ergste schrik ebt weg en in plaats daarvan voel ik een enorme woede opkomen.

'Geen denken aan dat je alleen teruggaat. Stel je voor, straks komen ze nog naar ons huis,' zegt Bibi vastbesloten.

'Zal ik ook meegaan?' biedt Rutger aan. 'Een man in huis schrikt die gasten wel af als ze nog meer van plan zijn.'

Natuurlijk wil dan iedereen mee, maar dat houd ik af. 'Jongens, echt, dat hoeft niet. We doen de deur goed op slot en ik bel de politie. Misschien willen zij onze straat in de gaten houden.'

Na wat heen en weer gepraat wordt besloten dat Bibi en ik samen naar huis gaan, maar de anderen blijven bij ons tot we veilig in de taxi zitten. Onderweg kijkt Bibi voortdurend over haar schouder, maar na een tijdje houdt ze daarmee op.

'Dat heeft ook geen zin. Ik weet helemaal niet op wie ik moet letten,' zegt ze.

Even later stoppen we voor ons huis en rekent Bibi af. Bij het uitstappen kijkt ze haastig om zich heen.

'Niemand te zien,' zegt ze. 'Kom, snel.'

We haasten ons naar de voordeur. Eenmaal binnen gaan alle knippen erop, en ook op de ramen. Toen we hier introkken heeft mijn vader er persoonlijk op toegezien dat alles met de beste sloten beveiligd werd, iets waar Bibi en ik toen veel grapjes over hebben gemaakt, maar waar we hem nu diep dankbaar voor zijn.

Een van de rechercheurs die mij verhoord hebben, Ben Dijkstra, heeft me zijn kaartje gegeven. Het zit in mijn portemonnee. Ik laat me op de bank zakken en haal het tevoorschijn. Wit met blauwe letters, die voor mij niet te ontcijferen zijn.

Bibi leest me het telefoonnummer voor en ik sla het meteen op in mijn mobiel. Vervolgens bel ik Dijkstra op. Zoals ik al verwacht had, krijg ik niet hem maar de meldkamer aan de lijn. Bibi zit vlak naast me en luistert mee.

'Ik ben op zoek naar rechercheur Ben Dijkstra,' zeg ik.

'Die heeft vanavond geen dienst,' zegt de agente. 'Morgenochtend is hij weer op het bureau. Kan ik een boodschap doorgeven?'

'Ik was gisteren bij die overval op de juwelierszaak. De overval waarbij Rob van Berkhout is doodgeschoten. Meneer Dijkstra gaf me zijn kaartje voor het geval me nog iets te binnen schoot over de daders.'

'Hebt u nieuwe informatie over de zaak?'

'Ja, ik ben vanavond bedreigd door een van de overvallers. Hij stond opeens achter me op de kermis en zei dat ik mijn kop moest houden tegen de politie. En dat ze me wisten te vinden.'

Aan de andere kant van de lijn blijft het even stil. Ik hoor het geluid van aanslagen op een toetsenbord en ik wacht geduldig tot de agente de gegeven informatie in de computer heeft ingevoerd.

'Heeft hij verder nog iets gezegd?' vraagt ze als ze klaar is. 'Hebt u hem gezien?'

'Nee. Hij stond achter me en verdween meteen toen hij uitgesproken was.'

'Maar u hebt toch wel omgekeken? Hebt u niemand zien wegrennen?'

'Ik ben slechtziend,' zeg ik, alle verdere vragen afkappend.

'Waar bent u nu?'

'Thuis. Maar ik voel me niet helemaal op mijn gemak.'

'Dat begrijp ik. Is er iemand bij u?'

'Mijn zus. Maar zij voelt zich ook niet op haar gemak.'

'Nee, dat kan ik me voorstellen. Maar het is goed dat u niet alleen bent. Al denk ik niet dat u zich echt zorgen hoeft te maken.'

Mijn wenkbrauwen vliegen omhoog. 'En waar baseert u dat op? Die engerd heeft me op de kermis weten te vinden, dus hij houdt me in de gaten. Hij zal ook wel weten waar ik woon. En dan zegt u dat ik me geen zorgen hoef te maken?'

'Natuurlijk begrijp ik dat u zich wél zorgen maakt,' zegt de agente met een irritant sussend toontje in haar stem, 'maar als hij u iets had willen aandoen, had hij dat op de kermis wel gedaan.'

'Tussen al die mensen? Dat lijkt me niet zo handig.'

'Hij durfde u ook te bedreigen. En als hij echt een gevaar in u zag, zou hij het daar niet bij hebben gelaten. Waarschijnlijk wacht hij nu af wat u gaat doen. Ik heb uw verhaal genoteerd en naar rechercheur Dijkstra gemaild. Hij zal morgenochtend wel contact met u opnemen.'

‘Maar... doen jullie dan verder niets? Kan ik geen bewaking krijgen?’

‘Nee, dat zal helaas niet gaan. Ik kan de surveillanten die momenteel rondrijden wel vragen een keer door uw straat te rijden.’

‘Een keer door mijn straat te rijden! Nou, daar zal een stel criminelen van onder de indruk zijn, zeg. Zodra die wagen de straat uit is, is de kust weer veilig!’ zeg ik verontwaardigd.

In de beslotenheid van de meldkamer, beschermd tegen dreiging en geweld, antwoordt de agente met professionele vriendelijkheid. ‘Meer kan ik helaas niet voor u doen. Maar als u onraad bespeurt, kunt u altijd bellen. Dan stuur ik een wagen naar u toe.’

‘Ontzettend bedankt.’ Ik verbreek de verbinding.

‘Nou ja zeg,’ zegt Bibi. ‘Daar heb je ook wat aan.’

‘Maar als we onraad bespeuren, kunnen we altijd bellen. Is dat niet fijn?’ Kwaad gooi ik mijn telefoon naast me neer op de bank.

‘Misschien kunnen ze inderdaad niet veel doen. Ik bedoel, wat had je dan verwacht? Een hele politiemacht in de straat? En morgen weer? Net zolang tot die gasten zijn opgepakt? Dat kan nog wel een tijdje duren. Voor hetzelfde geld krijgen ze ze nooit te pakken.’

‘Ja ja, hou maar op, ik begrijp het wel. We staan er alleen voor.’

‘Die agente had anders wel een punt toen ze zei dat die crimineel je ook op de kermis te grazen had kunnen nemen. Waarom zou hij speciaal naar ons huis komen? Als hij je in de gaten houdt, weet hij ook dat je niet alleen woont. Ik denk dat hij je alleen maar een beetje bang wilde maken voor het geval je je toch iets belangrijks zou herinneren.'

Dat klinkt logisch, maar angst laat zich niet zomaar wegredeneren. Tot ver na twaalven blijf ik op, gespitst op ieder geluidje. De enige reden dat ik op een gegeven moment naar bed ga, is omdat ik morgen moet werken. Maar van slapen komt niet veel.

'Het staat in de krant,' zegt Bibi de volgende ochtend. 'Kijk maar, op de voorpagina.' Zonder te vragen of ik daar wel op zit te wachten, begint ze het artikel voor te lezen.

'Wordt mijn naam genoemd?' onderbreek ik haar.

Bibi leest het artikel vluchtig door en schudt haar hoofd. 'Nee, er staat alleen "een slechtziende jonge vrouw".'

Terwijl ik twee crackers met boter besmeer en met kaas beleg, leest Bibi hardop verder. Het is duidelijk dat de journalist die het stukje in elkaar gedraaid heeft over weinig informatie beschikte. Veel meer dan het cliché dat van de daders ieder spoor ontbreekt maar dat het onderzoek loopt, heeft hij niet te melden.

'Nou, dat was het.' Bibi vouwt de krant dicht. 'Word je doodgeschoten in je eigen zaak, heeft men er niet meer dan een heel klein stukje voor over.'

'Waarschijnlijk staat er meer op de regionale pagina.'

Ik ga met mijn crackers tegenover haar aan tafel zitten en vouw de krant weer open. Al die kleine kriebellettertjes kan ik niet lezen, maar de koppen op de regionale pagina zijn groter. Met een loep erbij kan ik die wel ontcijferen. De moord op Rob vult de hele bladzijde. Voor de rest van de tekst schuif ik de krant naar Bibi, die gehoorzaam weer begint voor te lezen. Daar is ze wel een tijdje mee bezig. Er wordt uitgebreid verteld hoe geliefd Rob was bij zijn klanten, hoe lang zijn gerenommeerde zaak bestond, dat hij al twee keer eerder was overvallen en hoe geschokt de winkeliers in het winkelcentrum allemaal zijn.

Daarna volgt nog een stukje over de enige getuige van het drama, de slechtziende jonge vrouw wier identiteit door de politie geheimgehouden wordt, en hoeveel geluk ik heb gehad dat ik dit drama heb overleefd. En de journalist weet ook te melden dat een rondvraag onder het vaste klantenbestand een vermoeden heeft opgeleverd over de identiteit van de slechtziende jonge vrouw.

'Daar zul je het hebben,' zegt Bibi. 'Nu zal het niet lang duren voor ze je gaan lastigvallen.'

Ze is nog niet uitgesproken of de telefoon rinkelt. Met een ruk kijk ik om.

Bibi loopt met gedecideerde stappen de woonkamer in en neemt op. Ik luister gespannen naar wat ze te zeggen heeft.

'Ja, die woont hier... Nee, daar heeft ze niets mee te

maken... Wat wordt er gezegd...? Daar weet ik niets van af. Ja, mijn zus is slechtziend, maar dat zijn wel meer mensen. Nee, ze heeft niets met die overval te maken. Nee, dat zeg ik toch? Bent u doof of zo?'

Na nog wat van die opmerkingen hangt ze op en komt terug naar de keuken. 'Dat was een journalist. Ik heb hem afgepoeierd. We zeggen gewoon de hele tijd dat jij die vrouw niet bent, dan houdt het vanzelf op. Of wil je je verhaal wel doen?'

'Nee, waarom zou ik dat willen?'

'Het is misschien wel een goed idee. Dan kun je benadrukken dat je helemaal niets hebt gezien, dat je geen idee hebt wie de daders zijn en dat je de politie op geen enkele manier van dienst kunt zijn.'

'En dat geloven die overvallers?'

'Ja, anders waren ze toch al opgepakt?'

'Ik weet het niet. Ik heb helemaal geen behoefte aan dat soort aandacht.'

'Dan moet je het niet doen. Laat ze maar lekker bellen, wij zijn niet thuis. En over niet thuis gesproken: ik moet ervandoor. Jij mag ook wel opschieten.'

'Ja, ik ga al.' Ik schuif mijn stoel naar achteren, breng mijn bord naar het aanrecht en volg Bibi's voorbeeld door mijn jas aan te trekken en mijn tas te pakken. Max komt bij die voor hem bekende handelingen braaf aanlopen en steekt zijn kop in het geleidetuig dat ik hem voorhoud. Ik maak het riempje vast, knoop mijn jas dicht en we gaan de deur uit. Bibi gaat altijd op de fiets naar de kledingzaak waar ze werkt. Ze geeft me een zoen, wat ze nooit doet, en wenst me een fijne dag.

'Pas goed op jezelf,' zegt ze, ietwat in tegenspraak met haar eerdere woorden.

'Jij ook. Tot vanavond. Toe maar, Max, naar het werk.'

Ik zou de bus kunnen nemen die twee straten verderop stopt, maar ik loop liever. Veel langer dan een halfuurtje is het niet en wat beweging is zowel voor Max als mij goed. Maar eenmaal onderweg voel ik me toch niet zo op mijn gemak. Er zijn genoeg mensen op straat, daar gaat het niet om, maar ik kan ze niet in de gaten houden. Ik heb geen idee of iemand naar mij kijkt, me misschien achtervolgt. Maar ik heb Max bij me, dat scheelt. Al is hij even goeiig als groot, voor veel mensen is een Duitse herder een afschrikwekkende verschijning. Laatst kwam ik een klein meisje tegen dat met haar moeder over straat liep en een gil gaf toen Max en ik de hoek om kwamen. 'Mama, ik zag de grote boze wolf,' zei ze toen ze ons gepasseerd waren.

Dat was tenminste nog grappig en voorstelbaar, maar ook volwassenen schrikken vaak van Max.

Ik sta stil bij het zebrapad, waar een groepje mensen staat te wachten tot het licht op groen springt. Ook nu doen de meesten een stapje opzij als ze Max zien, terwijl hij braaf naast me staat te wachten.

Opeens voel ik een hand op mijn arm. Van schrik val ik bijna over Max heen.

'O, sorry, ik wilde je niet laten schrikken.' Naast me

staat een man. Aan zijn stem te horen is hij wat ouder en als ik het goed heb, is hij kaal, want het zonlicht weerkaatst op zijn schedel. 'Ik wilde alleen wat vragen. Ziet die hond nou of het rood of groen is?'

De andere mensen die staan te wachten kijken om. Ik wacht tot mijn hart tot bedaren is gekomen voor ik antwoord geef.

'Nee. Hij kan veel, maar dát kan hij niet.'

'Hoe weet je dan dat je moet oversteken?'

'Dat weet ik niet. Er is geen waarschuwingssignaal, dus ik wacht tot iedereen oversteekt.'

'En als wij nou door rood lopen?'

'Dan loop ik ook door rood,' zeg ik.

'En als er dan een auto aankomt? Houdt je hond je dan tegen?'

'Nee. Honden kunnen heel slecht de snelheid van het verkeer inschatten. Dat moet je echt zelf doen.'

'Ik begrijp het,' zegt de oudere heer. 'Het lijkt me lastig voor je, met al die stoplichten hier. Loop maar met mij mee. Kijk, het is groen. We kunnen!'

Ik glimlach en geef Max het commando om over te steken.

Vreemden vragen me vaak waarom ik een geleidehond heb als ze erachter komen dat ik niet helemaal blind ben. Dan leg ik uit dat er altijd obstakels zijn die ik met mijn stok te laat opmerk en dat ik in een drukke winkelstraat moeilijk voortdurend om me heen kan maaien om te voorkomen dat ik tegen iemand op bots. Een geleidehond is wendbaar en loopt in een behoorlijk tempo door, terwijl ik met een stok steeds tegen obstakels aan zwaai of in de hondenpoep prik.

De man blijft naast me lopen en begint nog meer vragen te stellen. Vandaag vind ik het prima, ik praat honderduit en de man is erg belangstellend. Ongemerkt fungeert hij lange tijd als mijn persoonlijke beschermer. Het spijt me als onze wegen uiteengaan en hij me vriendelijk een prettige dag wenst.

Het laatste stukje naar mijn werk loop ik alleen met Max. Ik houd mijn omgeving zo goed mogelijk in de gaten, kijk voortdurend van links naar rechts om mijn blikveld te vergroten, maar er gebeurt gelukkig niets.

Even later sta ik voor het gemeentehuis en ga naar binnen.

'Zoek lift, Max.'

Max leidt me gehoorzaam naar de lift en even later zoeven we naar de afdeling waar ik werk: het telefonisch informatiecentrum. Hier komen de hele dag door telefoontjes binnen die mijn collega's en ik beantwoorden. Mensen willen weten waar ze met hun grofvuil naartoe moeten, hoe ze een bouwvergunning moeten aanvragen, ze hebben een klacht, ze melden dat er stoeptegels los liggen of dat er na een storm bomen zijn omgevallen. Ik maak daar melding van in het systeem of verbind de mensen door met andere afdelingen. Dat kan ik doen met behulp van een speciaal programma, Jaws. Mijn computer is via een usb-kabel verbonden met een kastje.

Alle tekst die op mijn computerscherm verschijnt, komt in braille op dat kastje te staan. Om het nog gemakkelijker te maken, leest Jaws de tekst ook voor. Zo kan ik mijn werk goed uitvoeren.

Niet gehinderd door files of vertragingen van het openbaar vervoer ben ik meestal de eerste die op mijn afdeling is en vandaag is het niet anders. Ik heb zelfs zo hard doorgelopen dat de schoonmaker nog bezig is.

'Goedemorgen,' zeg ik terwijl ik Max uit zijn tuig bevrijd.

De jongen staat over een prullenbak gebogen, maar richt zich op als hij me hoort binnenkomen. Hij zegt niets.

Een ongemakkelijk gevoel bekruipt me. De jongen staat in het gangpad, op een paar meter afstand, en kijkt in mijn richting. Hij is even lang als ik en heeft donkerblond haar. Ik stel me voor dat hij zijn arm heft en een ijskoude rilling loopt over mijn rug.

Ik moet zijn stem horen. Als ik zijn stem hoor, dan weet ik het. Ik haal heel diep adem om mezelf onder controle te krijgen.

'Ben ik zo vroeg of ben jij zo laat?' vraag ik vriendelijk.

Hij zegt niets, doet alleen een stap opzij om me door te laten. Ik voel zijn ogen in mijn rug priemen als ik me door Max naar mijn bureau laat brengen. Ik schrik als de jongen onverwacht iets zegt.

'Ben je blind?'

Hij spreekt met een buitenlands accent dat ik niet kan thuisbrengen. Iets Oost-Europees. Het dringt nu pas tot me door dat de jongen die me onder schot hield helemaal niets tegen me heeft gezegd. Ik heb alleen de stemmen van de andere twee gehoord. Toch raak ik er met iedere seconde die verstrijkt meer van overtuigd dat dit hem is. Dat hij niet voor niets hier voor me staat.

'Ja,' zeg ik, terwijl ik me omdraai en nadrukkelijk langs hem heen kijk. 'Ik ben blind.'

De jongen komt langzaam op me af lopen en ik sta als bevroren bij mijn bureau. Mijn ademhaling versnelt en ik begin te zweten.

Op dat moment komen twee collega's, Onno en Natascha, de afdeling op lopen. Ik herken ze aan hun voetstappen, hun postuur en hun stemmen.

'Hoi, Manon! Goedemorgen!'

Terwijl wij elkaar begroeten en Max blij tegen mijn collega's opspringt, loopt de schoonmaker snel weg.

Nog natrillend laat ik me achter mijn bureau zakken. 'Kennen jullie die jongen?'

Natascha kijkt over haar schouder. 'Ik weet het niet, ik zie de schoonmakers nooit. Meestal zijn ze allang weg als wij komen.'

'Precies, dat bedoel ik. Wat moest hij hier? Volgens mij had hij niet eens schoonmaakspullen bij zich. Hij stond maar wat met de prullenbak te rommelen.'

Het interesseert hen niet erg. Onno heeft het te druk met Max, waar hij 's morgens altijd een tijdje mee stoeit, en Natascha is opeens verdwenen, waarschijnlijk is ze op weg naar het koffieapparaat.

'Zeg, was jij dat nou, vanmorgen in de krant?' vraagt Onno. 'Laag Max, het is klaar. Laag! Brave hond.'

'Ja,' zeg ik. Tegen de pers liegen vind ik niet erg, maar mijn collega's mogen de waarheid wel weten.

'Hè? Echt waar?' klinkt de stem van Natascha. Ze komt heel langzaam aanlopen met iets in haar handen waar Onno haar haastig van bevrijdt.

'Je kunt ook twee keer lopen,' zegt hij. Dan richt hij zich weer tot mij. 'We hadden het erover toen we in de lift stonden. Of jij het zou zijn, bedoel ik. We dachten van wel omdat je bij dat winkelcentrum in de buurt woont, maar dat zegt natuurlijk ook niet alles.'

'Nee, dat je slechtziend bent was toch de sterkste aanwijzing,' zegt Natascha droog.

Ondanks alles moet ik lachen, maar ik word meteen weer serieus. Terwijl we koffiedrinken vertel ik het hele verhaal en daarna nog twee keer, tot alle zes de collega's op de werkvloer zijn. De bedreiging op de kermis wekt bij iedereen ontsteltenis en opeens begrijpen Onno en Natascha mijn verontrusting over de schoonmaker.

'Dat zoeken we uit. Ik ga even bellen,' zegt Onno.

Tien minuten later weet hij me te vertellen dat de schoonmakers om zeven uur het pand al verlaten hebben en dat de ploeg uit alleen vrouwen bestaat.

Nog voor ik rechercheur Dijkstra kan bellen, belt hij mij. ‘Ik zit op mijn werk,’ zeg ik.

‘O, is dat een bezwaar? Ik kan in je lunchpauze terugbellen als dat je beter uitkomt.’

Ik kijk om me heen; het is niet druk op de afdeling. Natascha en Onno voeren Max koekjes en de anderen wisselen belevenissen uit over het weekeinde. Slechts één collega is aan de telefoon.

‘Nee, het kan wel even. Zegt u het maar.’

‘Ik hoorde dat je gisteravond gebeld hebt. Volgens mijn collega was je bedreigd.’

‘Dat klopt, op de kermis.’ Ik doe mijn verhaal en vertel meteen wat er net is gebeurd.

‘Dus er hing een onbekende op je werk rond die zich uitgaf voor schoonmaker en jou vroeg of je blind was,’ herhaalt Dijkstra, alsof het maar traag tot hem doordringt.

‘Ja. In de echte schoonmaakploeg zitten alleen vrouwen, dus die jongen was of een dief, of hij kwam voor mij.’

‘Kun je hem beschrijven?’

Het doet me goed dat Dijkstra me zo serieus neemt, al staat het bij lange na niet vast dat de jongen die ik net sprak een van de overvallers is. En deze keer ben ik op die vraag voorbereid. Eigenlijk was ik dat tijdens mijn gesprekje met die jongen al. Ik heb hem zo goed mogelijk bestudeerd, maar dat levert nog steeds een magere beschrijving op. Blank met een Oost-Europees accent.

Pools, Roemeens, zoiets. Hij was ongeveer van mijn lengte en hij droeg witte sneakers.

'Zou je zijn stem herkennen?' vraagt Dijkstra.

'Ja,' zeg ik zonder aarzelen. Al hebben we maar een paar woorden met elkaar gewisseld, ik heb goed opgelet. 'Hij vroeg of ik blind was. Dat vragen mensen wel vaker, maar de manier waarop hij het vroeg gaf me de kriebels. Hij kwam op me af lopen, maar gelukkig kwamen er toen net een paar collega's binnen.'

'Het lijkt erop dat hij poolshoogte kwam nemen. Kijken hoe het met je zicht gesteld is en of je hem herkende. Heb je laten merken dat hij je bekend voorkwam?'

'Nee, ik heb gezegd dat ik blind ben. Maar ik schrok wel van hem. Ik weet niet of hij dat gemerkt heeft.'

'We gaan naar hem op zoek. We hebben intussen meer informatie tot onze beschikking, dus ik heb goede hoop dat we die jongens snel kunnen oppakken.'

'Ja? Zijn jullie ze op het spoor?'

'In ieder geval een van de daders. Iemand die in het winkelcentrum heeft gewerkt, bij de sportzaak. Dat zou weleens de reden kunnen zijn dat hij wist dat er wel een camera hing, maar dat er geen band meedraaide. Eigenlijk mag ik dit soort informatie niet geven, maar volgens mij kun je wel wat bemoediging gebruiken.'

Dat kan ik zeker. Ik bedank Dijkstra voor zijn telefoontje en beloof dat ik meteen contact zal opnemen als er zich opnieuw iets voordoet.

De rest van de dag probeer ik me op mijn werk te concentreren. Tussen de middag laat Natascha Max uit zodat ik veilig binnen kan blijven, en iedereen biedt aan me naar huis te brengen.

'Zal ik straks met je meelopen?' stelt Onno voor. 'Ik vind het ook wel lekker om even te wandelen na een hele dag op mijn reet te hebben gezeten. Ik neem mijn fiets aan de hand mee en rij daarna naar huis. Geen probleem.'

'Doe dat maar, Onno,' zegt Natascha. 'Ook als ze het niet wil. Het zit me niet lekker dat die gast hier vanochtend opdook.'

'Als hij het was,' zeg ik. 'Dat weten we niet zeker.'

'Wie kan het anders geweest zijn? Laat Onno vanmiddag maar met je meelopen, anders volgt straks de hele afdeling je stiekem.'

Iedereen barst in lachen uit, ik ook.

Aan het einde van de werkdag druppelt iedereen de afdeling af en wacht ik op Onno, die nog aan de telefoon zit. Hij maakt geen aanstalten om op te hangen, zegt ook niet veel en het duurt even voor ik in de gaten krijg dat dit een persoonlijk gesprek is.

Geduldig wacht ik af. Ik gooi wat met Max' bal om te voorkomen dat hij onrustig gaat blaffen. Wat dat betreft is hij een echte ambtenaar: hij weet precies wanneer het tijd is om naar huis te gaan.

'Het spijt me zo, Manon.' Onno hangt op en wrijft in zijn ogen. 'Dat was mijn vrouw. Ze zit tot over haar oren in het werk en kan de kinderen niet van de crèche halen. Of ik dat even wil doen. En die crèche gaat zo dicht, ik heb hooguit twintig minuten.' Zijn stem klinkt tamelijk wanhopig.

'Maakt niet uit, joh. Je moet je kinderen halen, dat spreekt voor zich.'

'Maar ik wil jou niet alleen over straat laten gaan. Zal ik een taxi voor je bellen? Ja, dat doe ik. Wacht even, ik zoek het nummer op.'

'Dat hoeft niet, dat kan ik zelf ook wel. Ga nu maar snel voor de crèche dichtgaat.'

'Echt? Beloof je dat je een taxi belt? Niet alleen over straat gaan, hoor!' Terwijl Onno zijn jas aantrekt, sluit hij zijn computer af. Dan pakt hij zijn tas, verontschuldigt zich nogmaals en haast zich de afdeling af.

Het is opeens erg stil in de ruimte waar de hele dag telefoons rinkelen en gesprekken worden gevoerd. Om de stilte te verbreken, praat ik tegen Max aan.

'Kom jongen, we gaan naar huis. In je tuig, goed zo. We komen zelf wel thuis, hè? Geen probleem.' Ik trek mijn jas aan, slinger mijn tas over mijn schouder en loop achter Max aan de gang in, naar de lift. Terwijl we staan te wachten ben ik me bewust van ieder geluid in het gebouw. Dat zijn er niet veel; de meeste werknemers zijn al naar huis. Hier en daar klinken echoënde voetstappen, maar verder is het stil.

Met mijn rug naar de deur houd ik de trapopgang in de gaten tot de lift er is. Uit Max' keel klinkt een laag gegrom. Bespeurt hij onraad of voelt hij dat ik zenuwachtig ben?

De lift arriveert met een zachte bonk. Het belletje klinkt en de deuren gaan geruisloos open. Nog nooit ben ik zo snel naar binnen gestapt als vandaag. Ik druk meteen de knop in en kijk gespannen naar de deuren. Die blijven openstaan. Ik geef een flinke klap op de knop, maar de deuren gaan niet dicht.

Op de trap klinken voetstappen, snel en bijna geruisloos. Het geluid is niet afkomstig van zwaar schoeisel, er zit een piep in die veroorzaakt wordt door sneakers. Het klinkt als iemand die in grote haast naar boven rent.

Zenuwachtig trek ik Max naar achteren en sla een paar keer achter elkaar op de knop. De deuren blijven openstaan. De voetstappen klinken nu heel dichtbij. Koortsachtig blijf ik op de knop drukken, tot ik erachter kom dat het de verkeerde is. Ik moet die erboven hebben.

Net op het moment dat een gestalte op de trap zichtbaar wordt, glijdt de deur dicht en zoeven we naar beneden. Het duurt hooguit tien seconden voor we in de hal zijn. Iemand die via de trap naar beneden rent kan onmogelijk gelijk aankomen, maar toch verlies ik geen tijd. Zodra de deur opengaat, zeg ik: 'Vooraan Max, naar buiten! Tempo!'

Voor Max is het ook een lange dag geweest, hij wil maar wat graag weg. Met een stevig vaartje trekt hij me door de hal naar de uitgang en dan staan we buiten. Links en rechts bewegen zich gedaanten voort die me rakelings passeren en opeens in mijn blikveld verschijnen, zodat ik me iedere keer doodschrik. Het is alsof ik het doelwit ben in een computerspelletje: losgelaten in een grote ruimte vol snel bewegende projectielen die me ieder moment kunnen treffen.

Gelukkig heeft Max daar geen last van. Rustig en gedecideerd als altijd neemt hij de leiding en voert me langs obstakels en groepen mensen heen.

We lopen een tijdje voort tot we moeten oversteken. Ik ga bij de stoeprand staan en spits mijn oren om te luisteren of er verkeer aankomt. Zo te horen niet.

'Over, Max,' zeg ik, maar Max blijft staan.

Ik heb geen andere keus dan ook te blijven staan. In dit soort situaties vertrouw ik volledig op mijn hond. Hij ziet wat ik niet zie, schat de situatie in en neemt een beslissing.

Omdat Max niet in beweging komt, doe ik wat hij doet: ik luister scherp. Bij nader inzien lijkt er toch verkeer te zijn; ik hoor het gebrom van een stationair draaiende auto. Het klinkt niet alsof hij langs de kant staat, eerder alsof hij zich midden op de weg bevindt.

Ik kijk zoekend opzij en zie hem staan. Er is geen zebrapad waar hij voor gestopt is, maar hij lijkt toch ergens op te wachten. Op mij natuurlijk, zodat ik kan oversteken.

'Over, Max, toe maar,' zeg ik.

Net als Max een paar stappen heeft gedaan, schiet de wagen naar voren. Met een woeste grauw komt de motor tot leven, de auto accelereert en rijdt recht op ons af.

Max reageert meteen. Met één lange sprong brengt hij

zichzelf in veiligheid, en door de enorme ruk waarmee hij me over straat sleurt, mij ook. Ik val en klap op het asfalt. De auto racet voorbij zonder ons te hebben geraakt.

Mijn hoofd doet pijn, alles doet pijn, maar niet ondraaglijk. Toch blijf ik liggen, geschrokken en gedesoriënteerd. Max staat luid te blaffen, alsof hij om hulp roept.

Voorbijgangers schieten toe, iemand buigt zich over me heen.

'Gaat het wel? Heb je ergens pijn?' Het is een vrouw, ze klinkt jong. 'Zal ik een ambulance bellen?'

'Doe dat sowieso maar, ze maakte een flinke smak. Wat een idioot was dat!'

Meer mensen bemoeien zich ermee, ze verzamelen zich in een kring om me heen. Ik hoor hun geschokte reacties, de scheldwoorden aan het adres van de automobilist en de vele adviezen over hoe met mij omgegaan dient te worden.

Ik moet in de stabiele zijligging worden gelegd, nee dat hoeft niet, ik ben toch niet bewusteloos, maar mijn hoofd bloedt wel, ik kan wel een hersenschudding hebben opgelopen.

Als ik voorzichtig overeind kom, klinkt er een koor van protesten. Ik kijk omhoog, naar al die mensen die boven me uittorenen.

'Max,' zeg ik versuft.

'Is dat je hond? Ik heb hem hier, aan zijn tuig. Is het een geleidehond, ben je blind?'

‘Slechtziend,’ prevel ik.

Bijna aangereden en nog slechtziend ook; er gaat een golf van beroering door de omstanders heen.

‘Het is godgeklaagd! Als ik die hufter in mijn handen krijg, ram ik die stok van je door zijn keel!’ roept een man woedend.

Iemand heeft blijkbaar een ambulance gebeld, want in de verte klinkt de sirene. Intussen is de groep belangstellenden flink gegroeid.

‘Ze is blind, of slechtziend of zo,’ hoor ik hier en daar zeggen. Ze zullen het zo wel niet bedoelen, maar het klinkt alsof het daarom mijn eigen schuld is. Of die van Max, die een steekje heeft laten vallen.

Als de politie arriveert, blijken er een paar mensen te zijn die hebben gezien wat er is gebeurd. Ze worden meteen ondervraagd, terwijl ik door het ambulancepersoneel word onderzocht en behandeld. Eerst stellen ze me diverse vragen om te kijken of ik hersenletsel heb opgelopen, vervolgens spoelen ze voorzichtig het straatvuil uit mijn schaafwonden. En die zijn behoorlijk groot. Mijn panty ligt net als mijn huid aan flarden. Bloed druppelt langs mijn benen.

‘We nemen je even mee naar het ziekenhuis, want het zijn toch wel grote wonden,’ zegt een van de verzorgers. ‘Daar moet nog wat beter naar gekeken worden. Misschien heb je een tetanusprik nodig, maar dat hoor je wel van de dokter. Ben je in staat om met de politie te praten?’

Ik knik. Twee mannelijke agenten verschijnen, identiek in hun blauwe uniform en pet. Ik vertel wat er is gebeurd, dat die auto midden op de weg stilstond en opeens gas gaf. En dat mijn hond me in volle vaart uit de gevarenzone heeft getrokken.

'Braaf dier,' zegt een van de agenten. Hij buigt zich naar Max toe, maar trekt zich dan schielijk terug. Waarschijnlijk heeft hij de waarschuwing om hem niet te aaien op het geleidetuig gezien.

'We gaan met een paar getuigen praten,' zegt zijn collega als ze alles hebben opgeschreven. 'Er zijn verschillende mensen die het ongeluk hebben zien gebeuren. Met een beetje geluk heeft iemand het nummerbord genoteerd. We komen er nog op terug, mevrouw. Sterkte met uw verwondingen.'

Ik bedank hen en word door een van de mannelijke verzorgers in de ambulance geholpen. Terwijl de ander, een vrouw, Max naar binnen laat springen hoor ik iemand in het publiek zeggen: 'Ook niet erg hygiënisch, een hond in een ziekenwagen.'

Op de eerste hulp worden mijn schaafwonden nogmaals zorgvuldig schoongemaakt. Het zijn er nogal wat; mijn knieën liggen helemaal open en zitten volgens de arts vol asfaltdeeltjes. Ook mijn handen zijn beschadigd en ik heb een snee in mijn voorhoofd. Er gaan steriele gaasjes en pleisters over en ik krijg een tetanusprik.

'Het kan zijn dat je een hersenschudding hebt opgelopen. Woon je alleen?' vraagt de arts.

'Nee, met mijn zus.'

'Dan moet je zus je de komende nacht iedere twee uur wakker maken om te controleren of je niet bewusteloos bent geraakt. Je hebt nu geen klachten, maar dat kan nog komen. De schade valt mee, je had ook iets kunnen breken. Die schaafwonden moeten goed afgedekt blijven om te voorkomen dat ze geïnfecteerd raken. Je krijgt een fles Betadine mee. Je moet twee keer per dag druppelen en de gaasjes vervangen. Als er pusvorming optreedt, moet je terugkomen. Is er iemand die je kan ophalen?'

'Dat is niet nodig. Ik neem wel een taxi.'

'Ook goed. Veel sterkte ermee.' De arts geeft me een hand, vervolgens nog een bemoedigend klopje op mijn schouder en verlaat de kamer. Een verpleegkundige helpt me van de behandeltafel af en overhandigt me een flinke fles Betadine.

'Zal ik een taxi voor je bellen?' vraagt ze.

'Heel graag,' zeg ik en ik volg haar naar de informatiebalie, waar een van haar collega's op Max past. Ik buig me over mijn hond heen om hem te begroeten en schrik op als er opeens een gestalte naast me staat.

'Dag, Manon. Niet schrikken, ik ben het, inspecteur Dijkstra.'

'O ja, natuurlijk. Wat fijn dat u even uw naam zegt.' Ik geef de inspecteur een hand.

'Je hebt verteld dat je alles heel wazig ziet, dus ik kon me voorstellen dat je me niet zou herkennen. Zeker niet op een plek waar je me niet verwacht.'

'Dat is ook zo. Maar ik herken u nu wel, aan uw lichaamsbouw en uw stem.'

'Heel goed, dan weet je dat de juiste persoon voor je staat.' Dijkstra lacht en ik lach mee. 'Voel je je goed genoeg om een paar vragen te beantwoorden?' vraagt de inspecteur. 'Ik vind wat er net is gebeurd zorgwekkend genoeg om onmiddellijk actie te ondernemen.'

'Ja, natuurlijk,' zeg ik. 'Waar wilt u praten? Hier? Er is een restaurant in het ziekenhuis.'

'Dat is prima. Dan eten we daar meteen een hapje.'

Dat herinnert me eraan dat het al laat is. Verschrikt pak ik mijn mobiel en spreek een sms-bericht in. 'Bieb, ik ben wat later. Het kan nog wel even duren voor ik thuis ben, maar maak je geen zorgen.'

Bijna onmiddellijk komt er antwoord: 'Ben ook nog niet thuis. Is iets mis met een leverancier.'

'Je zus?' zegt Dijkstra. 'Jullie wonen samen, hè? Zorgt ze goed voor je?'

'Ja,' zeg ik. 'Al is dat niet nodig. Ik kan prima voor mezelf zorgen. Maar maak dat Bibi maar eens wijs.'

'Dat klinkt alsof je die zorg eigenlijk zat bent.'

'Een beetje wel. Niet dat we elkaar in de weg zitten, maar ik vind dat Bibi haar eigen leven moet gaan leiden.'

We lopen het restaurant in en Max trekt me meteen naar een vrij tafeltje. Ik laat hem uit zijn tuig en neem plaats. Dijkstra komt tegenover me zitten.

'En je zus denkt daar anders over?' zegt hij.

'Ze beweert dat dit is wat ze wil, maar ik geloof haar niet. Volgens mij houdt ze mannen op afstand omdat ze mij niet in de steek wil laten.'

'Dat is haar verantwoordelijkheid, niet de jouwe,' zegt Dijkstra. 'Er komt echt wel een moment dat ze inziet dat ze haar eigen leven moet gaan leiden. Zou je graag op jezelf willen wonen?'

'Ik zou me heel goed redden, echt waar. Het zou natuurlijk wel een stuk ongezelliger zijn. Bibi en ik zijn erg hecht. Maar ik heb liever dat ze een woning voor zichzelf gaat zoeken dan dat ze uit schuldgevoel bij mij blijft.'

'Schuldgevoel?'

'Omdat ze mij dan in de steek laat. Zo voelt zij dat.'

'Je zou natuurlijk ook zelf weg kunnen gaan.'

Verbluft kijk ik Dijkstra aan. Daar zegt hij wat. Ik heb me altijd voorgesteld dat Bibi zou vertrekken, maar ik zou inderdaad zelf ook iets anders kunnen zoeken.

'Volgens mij heb ik je iets gegeven om over na te denken,' zegt Dijkstra met een lach. 'Zeg, we moeten onze bestelling bij de kassa doen en zelf meenemen. Kan ik iets voor je halen? Patat of zo?'

'Graag,' zeg ik. Het is druk in het restaurant. Het laatste waar ik zin in heb is om met een dienblad in mijn handen tussen tafeltjes en stoelen door te slalommen. Bovendien doen mijn schaafwonden gemeen zeer.

Dijkstra komt overeind en het duurt een tijdje voor hij terug is. Opeens staat hij weer bij ons tafeltje en zet een overvol dienblad neer.

'Patat met kroketten,' zegt hij. 'Lekker.' Hij gaat zitten en komt ter zake. 'Ik ben ingelicht door mijn collega's ter plaatse en heb hun verslag gelezen, maar wil je zelf nog eens vertellen wat er precies is gebeurd?'

Dat doe ik, zo nauwkeurig mogelijk.

'Dus jij denkt dat die auto met opzet op je inreed,' zegt Dijkstra.

'Dat leek wel zo. Ik kon het niet goed zien, maar het ene moment hoorde ik niets en het volgende moment gaf iemand vol gas.'

'Dat klinkt wel verdacht,' geeft Dijkstra toe. 'We hebben drie getuigen gevonden die jouw verhaal bevestigen. Helaas heeft niemand eraan gedacht het nummerbord van de auto te noteren, maar het type is wel bekend. Het was een grijze Ford Focus. We gaan nu natrekken of onze verdachten in zo'n auto rijden.'

'Hebben jullie al iemand opgepakt?'

'Nee, maar als we ze kunnen linken aan die Ford Focus dan duurt dat niet lang meer. Intussen denk ik dat het beter is als je voorlopig niet meer alleen over straat gaat.'

'Nee? Gaat u me naar mijn werk brengen?' vraag ik licht spottend.

'Dat zou ik graag doen, geloof me. Maar het zou het wantrouwen van de overvallers alleen maar vergroten als ze merken dat je politiebescherming hebt. Wat we kunnen doen is je in preventieve hechtenis nemen of huisarrest geven.'

'Wát?'

'We zetten onopvallend een mannetje voor je deur tot we de verdachten te pakken hebben. Zou je daarvoor voelen?'

Het kost me een paar seconden om zijn woorden tot me door te laten dringen. 'Nee, natuurlijk niet. Wat moet ik nou de hele dag thuis? En wat als jullie die jongens niet te pakken krijgen?'

'We krijgen ze echt wel,' verzekert Dijkstra me. 'En ik kan je niet verplichten om thuis te blijven, maar het lijkt me verstandig. We hebben het wel over iemand die een moord op zijn geweten heeft.'

Ik voel Robs warme, kleverige bloed weer aan mijn vingers, ruik de ijzerachtige geur. Als ik eigenwijs ben, lig ik er straks zelf ook zo bij. Dijkstra heeft gelijk: we hebben het over iemand die een moord heeft gepleegd. Dat soort mensen neemt geen risico's.

'Goed,' zeg ik met een zucht. 'Ik leg het mijn baas wel uit en vraag of ik een paar dagen thuis kan blijven. Dat is sowieso geen slecht idee; zo geweldig voel ik me op dit moment niet. Maar wilt u alstublieft uw best doen om die jongens zo snel mogelijk op te pakken? Ik kan mezelf moeilijk wekenlang in huis opsluiten.'

Dijkstra neemt een hap van zijn kroket. 'Geloof me,' zegt hij, 'zo lang gaat het niet duren. Niet als het aan mij ligt.'

Bibi is er al als ik thuiskom. Ze staat voor het keukenraam en komt naar buiten gelopen zodra ze me in de politiewagen ziet zitten. Dijkstra was zo vriendelijk om Max en mij een lift te geven. Hij lijkt het niet erg te vinden dat zijn auto nu onder de hondenharen zit.

'Als ik nieuws heb, dan bel ik je,' zegt hij terwijl hij me helpt uitstappen. 'Intussen blijf jij rustig thuis en zorg je dat je herstelt, oké?'

Ik geef hem een hand, bedank hem voor de lift en draai me om naar Bibi.

'Wat is er aan de hand?' vraagt ze met een hoge stem van ongerustheid. 'Mijn hemel, je hebt overal verband!'

'Het lijkt erger dan het is,' zeg ik snel. 'Echt, het zijn maar schaafwonden.'

Dijkstra licht mijn zus wat uitgebreider in.

'Ze is bijna aangereden door een auto. Het lijkt opzet te zijn geweest, maar helemaal zeker is dat nog niet. Dat ga ik uitzoeken. Ik heb Manon aangeraden voorlopig niet meer alleen over straat te gaan. Nog liever heb ik dat ze een tijdje binnen blijft, voor het geval men het inderdaad op haar gemunt heeft.'

Geweldig, nu weet ik zeker dat ik geen hap frisse lucht meer krijg. Bibi kennende zal ze vrij nemen van haar werk en me bewaken als een terriër.

'Maar wat is er dan precies gebeurd?' vraagt Bibi terwijl we naar binnen gaan.

Ik vertel het haar zo luchtig mogelijk, maar de boodschap komt evengoed hard aan.

'Denk je dat het opzet was?' Bibi trekt me naast zich op de bank.

'Op het moment zelf voelde het wel zo, maar nu weet ik eigenlijk niet precies meer hoe het ging. Ik had het idee dat die auto stilstond en pas gas gaf toen ik overstak. In ieder geval zou hij me overhoop gereden hebben als Max me niet vooruit getrokken had.'

'Kan hij niet langs de kant hebben gestaan? Misschien is die chauffeur wat roekeloos weggereden.'

'Ik weet het niet.'

Bibi slaakt een diepe zucht. 'Het is wel erg toevallig na wat er dit weekend is gebeurd. Heb je je erg bezeerd? Moet je nou toch zien, je zit helemaal ingepakt.' Ze raakt heel licht het verband om mijn knie aan, waar donkere plekken op verschenen zijn. Voor ik iets kan zeggen, barst ze in tranen uit.

'Hé!' Ik sla mijn arm om haar heen. 'Het zijn maar schaafwonden, hoor. Niets ernstigs.'

Ze antwoordt niet en huilt met lange uithalen, haar handen voor haar gezicht geslagen.

'Bibi, stil maar. Het valt wel mee. Ik blijf thuis, goed? Ik blijf net zo lang thuis tot de politie de daders heeft opgepakt. Ik neem geen risico's meer.'

'Het is allemaal mijn schuld,' hoor ik mijn zus fluisteren.

'Jouw schuld? Doe niet zo belachelijk. Wat kun jij er nou aan doen?'

'Het is mijn schuld,' houdt ze vol.

'Wat had je dan willen doen? Mij aan het handje naar mijn werk brengen? De hele dag naast me lopen? Dat gaat toch niet? Ik had zelf verstandiger moeten zijn en de bus of een taxi moeten nemen.’

Bibi haalt haar handen voor haar gezicht vandaan en schudt haar hoofd. Voorovergebogen kijkt ze naar het kleed op de plankenvloer.

‘Als ik je die duw niet had gegeven, was dit allemaal nooit gebeurd.’

‘Welke duw? Waar heb je het over?’

‘Toen we klein waren. Jij denkt dat je in die planten viel omdat je struikelde, maar zo is het niet gegaan. Je had iets in je handen wat ik wilde hebben, en toen je het niet gaf, duwde ik je. Je viel voorover in die stekelige struiken. Daardoor ben je aan je rechteroog blind geworden. Ik zal je geschreeuw en gehuil nooit vergeten.’

Totaal uit het veld geslagen kijk ik haar aan. ‘Wat zeg je nou? Daar weet ik niets van.’

‘Natuurlijk niet, je was pas twee jaar. Maar ik was zes en ik weet het nog heel goed.’

Ik heb geen idee hoe ik op deze onthulling moet reageren. Mijn hele leven heb ik gedacht dat ik verschrikkelijk veel pech had gehad door een ongeluk met mijn goede oog te krijgen. Ik kan me helemaal niet herinneren dat Bibi en ik ruziemaakten en dat zij verantwoordelijk was voor mijn val in de doornstruiken.

‘Waarom heb je dat nooit verteld?’ vraag ik onthutst.

Bibi haalt haar schouders op. ‘Omdat het meteen zo’n drama werd. Mama kwam aanrennen, trok jou uit de struiken en ging met je naar de eerste hulp. De buurvrouw paste zolang op mij. Toen mama terugkwam, was ze alleen. Jij werd in het ziekenhuis opgenomen en de rest is bekend: je verloor ook het zicht in je goede oog. Niemand had gezien wat er was gebeurd en ik was te geschrokken om het te vertellen. Ik was zes, ik dacht dat pap en mam razend op me zouden worden.'

'Maar je bleef zwijgen! Ook toen we ouder werden.'

'Ik ben me altijd schuldig blijven voelen, Manon. Zo schuldig!' Bibi's stem klinkt hoog en wanhopig. 'Ik had het niet expres gedaan, maar toch voelde ik me verantwoordelijk voor je. Ik nam me voor jou zo goed mogelijk met alles te helpen. Ik wilde alles voor je doen om je leven gemakkelijker te maken.'

Ze begint weer te huilen en ik sla mijn armen om haar heen.

'Vandaar,' zeg ik met een zucht. 'Je hébt mijn leven ook gemakkelijker gemaakt, Bieb. Je was er altijd voor me, en nog steeds. Maar je moet niet zo streng voor jezelf zijn, lieverd. Zoals je zelf al zei, je was pas zes. Kinderen maken ruzie, pakken dingen van elkaar af, duwen en vechten. We hebben gewoon pech gehad dat het zo afliep. Domme pech.'

Bibi maakt zich los uit mijn omhelzing en veegt haar tranen weg. 'Ik dacht dat je woedend zou worden.'

'Waarom? Om iets wat zo lang geleden is gebeurd?'

'Je leven zou er zo anders hebben uitgezien als je je goede oog had mogen behouden,' zegt Bibi triest.

Eigenlijk wil ik daar niet bij stilstaan, en voor het moment lukt dat ook. Ik heb het te druk met Bibi troosten en op haar gemak stellen.

Maar 's avonds laat, als ik met mijn gehavende lichaam in bed lig en de schaafwonden bij iedere beweging pijn doen, moet ik er steeds aan denken. Ja, mijn leven zou er heel anders hebben uitgezien als ik niet in die struiken was gevallen. Mijn andere oog zou me beperkt hebben, maar ik zou geen hond en geen stok nodig hebben gehad. Geen lange, eenzame training bij het revalidatiecentrum. Ik had een normaal leven kunnen leiden.

Het is niet nodig om me om de twee uur wakker te maken; ik doe toch geen oog dicht. In die eenzame uurtjes van de nacht laat ik mijn tranen de vrije loop, om alles wat had kunnen zijn.

Ondanks Dijkstra's belofte dat hij de overvallers snel te pakken zal krijgen, hoor ik de hele week niets meer van hem. Ik blijf thuis, verzorgd door mijn ouders die iedere dag langskomen, en door Bibi. Ze laten bij toerbeurten Max uit en slepen de boodschappen het huis in.

Gelukkig ontstaan er geen infecties aan mijn schaafwonden en genezen ze goed. Van een hersenschudding is ook geen sprake. Wel loop ik dagenlang zo stram als een oud wijf door het huis en kreun ik bij iedere beweging die ik maak. Een warm bad helpt, maar je kunt moeilijk de hele dag in bad gaan liggen.

Intussen treffen Bibi en ik voorbereidingen voor haar

verjaardag. Natuurlijk moet het een enorm feest worden, wat dat betreft doet Bibi niets half.

Het komt goed uit dat ze op zaterdag jarig is. Als de grote dag aanbreekt, ontvangen we 's middags ooms en tantes en onze ouders. Zodra ze vertrokken zijn, verbouwen we de keuken tot kroeg, met flessen drank en glazen op de tafel en het aanrecht, zodat iedereen zichzelf kan inschenken. We zetten partytafels in de kamer. Witte tafels, die ik goed kan zien en waarop ik voorwerpen kan zien staan. Al geeft dat niet de garantie dat ik niet in een asbak sta te graaien in plaats van in een schaaltje met borrelnootjes, zoals weleens gebeurt.

Het feest komt snel op gang; bijna iedereen komt tegelijk binnenvallen en dan is ons kleine huis ook meteen vol. Tot mijn verrassing hebben onze vrienden niet alleen voor Bibi maar ook voor mij een cadeautje meegenomen, omdat ik het de laatste tijd zo zwaar te verduren heb. Het ontroert me en ik bedank iedereen met een omhelzing.

'Hebben ze die gasten nu nog niet te pakken?' vraagt Nora. 'Dat kan toch niet zó moeilijk zijn?'

'Blijkbaar wel. Je moet niet vergeten dat de overvallers handschoenen droegen, dus ze hebben geen vingerafdrukken achtergelaten. En niemand heeft hun gezichten gezien.'

'Nee, maar toch. Mensen laten altijd sporen na, hoe klein ook. In CSI vinden ze altijd wel iets waardoor ze erachter komen wie de dader is.'

'Dat is toch flauwekul.' Rutger komt met een flesje bier in zijn hand bij ons staan. 'In werkelijkheid wordt maar een klein deel van alle misdaden opgelost. Triest maar waar. Ik zou niet verbaasd zijn als die jongens nooit worden gevonden.'

'Dat hoop ik niet. Het zou fijn zijn als ik weer gewoon over straat kan lopen,' zeg ik.

'Ik denk dat dat straks wel weer kan,' zegt Rutger. 'Die jongens zijn nu bang dat je de politie op de een of andere manier kunt helpen, maar na verloop van tijd zien ze wel in dat dat niet zo is. En dan laten ze je met rust.'

'En tot die tijd moet ik binnen zitten?' zeg ik. 'Ik ben het nu al zat.'

'Ga op vakantie,' stelt Nora voor. 'Lekker ver weg, naar Bali of zo. Ik ga wel mee als je niet alleen wilt.'

We lachen, verzinnen bestemmingen waar ik naartoe zou kunnen gaan en natuurlijk wil iedereen mee als mijn persoonlijke begeleider.

'Het is gezellig, hè?' Bibi komt naast me staan en legt een arm om mijn schouders. Het feest is in volle gang, de muziek schalt door het huis en overal klinkt gelach en gepraat.

Ik knik en kijk naar de jongens, die sterke verhalen staan te vertellen. Rutger is natuurlijk het middelpunt met zijn luide stem. Hij heeft het over een opstootje in onze stamkroeg, waarbij iemand hem tot een gevecht uitdaagde, en hij geeft een levendige beschrijving van die schermutseling. Daarbij springt hij in het rond en maakt wilde gebaren.

Er gaat een schok door me heen.

Ik weet niet wat me opeens zo treft in zijn manier van doen, maar het heeft iets bekends. Het haalt een diep weggestopt angstgevoel in me naar boven, alsof ik word teruggeworpen in de tijd.

Bewegingloos houd ik hem in de gaten. Zijn stevige, lange lichaam roept een herinnering op, maar het is vooral zijn wat schorre stem die het 'm doet. Zo klinkt hij altijd als hij zich opgewonden in een discussie mengt, of wanneer hij boos is. Niet dat ik Rutger vaak boos heb gezien. Hij is de ziel van ieder feestje met zijn vrolijke, uitbundige gedrag. Maar met iedere seconde dat ik naar hem kijk, raak ik er meer van overtuigd dat ik kortgeleden een heel andere kant van hem heb gezien. Dat het niet voor niets was dat een van de overvallers me zo bekend voorkwam.

Ik realiseer me dat Rutger in een grijze Ford Focus rijdt. En daarnaast heeft hij nog een Harley Davidson. Ik heb me altijd afgevraagd waar hij dat als student van kon betalen. Aan de andere kant, hij heeft bijbaantjes genoeg. En grijs is niet bepaald een uitzonderlijke kleur voor een auto.

Haal ik me wat in mijn hoofd? Verzamel ik puzzelstukjes om daar geforceerd een beeld van te construeren? Van een afstandje sla ik de bewegingen van mijn vrienden gade: het getrek en geduw, hun bravoure, de wankele balans tussen ernst en spel. Voor de meesten is het spel, al wil niemand de zwakkere partij zijn, waardoor het er net wat harder aan toe gaat dan nodig is. Het is Rutger die met opgestoken handen een einde maakt aan wat hij zelf heeft ontketend, beheerst en glimlachend.

En dan kijkt hij naar mij. Tenminste, hij kijkt in mijn richting, maar ik weet dat hij naar mij kijkt. Om mij heen is iedereen druk in gesprek, ik ben de enige die bewegingloos naar Rutger staart. Natuurlijk valt hem dat op. En als ik het mis zou hebben, als zijn geweten brandschoon was, zou hij daar niets van begrijpen. Hij zou op me af komen, vlak voor mijn gezicht zwaaien om mijn gestaar te onderbreken en me plagend een duwtje geven. In plaats daarvan blijft hij in dezelfde positie staan, naar mij toe gedraaid, zo lang dat ik een rilling langs mijn ruggengraat voel lopen.

Het heeft iets vreemds zoals we daar tussen onze dansende en druk pratende vrienden staan, iets onheilspellends dat steeds groter en zwaarder wordt. Het vult de kamer, verdringt de feestelijke sfeer.

Ik draai me om en ga bij de anderen aan de partytafel staan. Ik kijk opnieuw in Rutgers richting, maar hij staat er niet meer. Zoekend kijk ik om me heen, maar in het gedempte licht versmelten mijn vrienden tot een massa waarin ik niemand herken.

Dan staat hij opeens naast me. Mijn hartslag versnelt, mijn mond wordt droog. Ik neem snel een slok witte wijn uit het glas dat ik in mijn hand heb. De partytafels staan niet in de buurt van een lamp en Rutgers lange lichaam neemt het laatste beetje licht in die hoek weg.

Gespannen wacht ik tot Rutger iets tegen me zegt, maar dat gebeurt niet. Hij staat gewoon naast me en mengt zich in het gesprek van de anderen. Zijn stem klinkt opgewekt als altijd, maar ik bespeur toch een gespannen ondertoontje. Ik durf niet opzij te kijken, houd mijn blik gericht op degenen die aan de andere kant van de tafel staan.

Na een tijdje maak ik me los van de tafel en slenter quasinonchalant naar de keuken. Daar heeft zich ook een hele groep verzameld. Ze zitten op de keukentafel en op de rand van het aanrecht, en gooien tequila en wodkashots achterover. De stemming is uitgelaten en brengt vanzelf een glimlach op mijn gezicht. Maar die verdwijnt snel als Rutger opeens weer naast me staat.

'Neem er ook een,' zegt hij en hij drukt me een of ander flesje in de hand.

'Nee dank je, ik hou niet van sterke drank,' zeg ik.

'Doe niet zo flauw. Je lust toch wel tequila? Dat heb ik je zo vaak zien drinken.'

'Ja, kom op, Manon! Het is feest! Neem er een!' roept iemand.

Ik kan moeilijk zeggen dat ik mijn hoofd helder wil houden en dus neem ik het shotje aan. Maar terwijl ik het achteroversla, laat ik het flesje uit mijn vingers glippen, zodat het over mijn schouder vliegt. Iedereen barst in lachen uit, ik het hardst.

'Ik geloof dat Manon wel genoeg heeft gehad, jongens,' zegt Nora geamuseerd. 'Hoeveel heb je al op, schat?'

'Een baco kan altijd nog wel.' Rutger staat bij het aanrecht, druk in de weer met flessen. Ik peins er niet over zijn mixje op te drinken, mompel iets over de wc en loop snel weg.

Eenmaal veilig op het toilet, met de deur goed op slot, zak ik opgelucht op de pot. En nu? Ik kan hier moeilijk de hele avond blijven zitten. Op de een of andere manier moet ik erachter zien te komen of mijn vermoedens kloppen. Rutger gedraagt zich wel vreemd. Hij houdt me in de gaten, probeert zeker te voorkomen dat ik iets zeg tegen de anderen. Ik moet er niet aan denken dat ik later op de avond alleen met hem overblijf. En met Bibi, maar als zij zich niet een beetje inhoudt met drinken, heb ik straks niet veel meer aan haar.

Ik pak mijn mobiel en laat mijn vinger over 'contacten' glijden.

'Bibi', zegt het ding, veel te hard.

Haastig zet ik het geluid zachter en spreek een bericht voor Bibi in. 'Bieb, er is iets mis. Ik kan me vergissen, maar ik heb het gevoel dat Rutger betrokken was bij die overval. Zijn stemgeluid, zijn lengte, zijn lichaamsbouw, alles klopt. Volgens mij weet hij dat ik iets vermoed, want hij volgt me de hele tijd. Ik wil niet met hem alleen achterblijven vanavond, dus drink alsjeblieft niet te veel. Je weet maar nooit.'

Ik zet mijn mobieltje uit en merk dat mijn handen een beetje trillen. Eigenlijk zou ik de politie moeten bellen, maar daarvoor twijfel ik nog te veel. Ik zie al voor me hoe ze Rutger geboeid het huis uit slepen, voor de ogen van onze verbouwereerde vrienden. Stel dat ik me heb vergist. Dat zou verschrikkelijk zijn.

Hoeveel zekerheid kun je nou helemaal ontlenen aan de klank van iemands stem? Hoeveel mannen zijn zo lang als hij en hebben van die brede schouders? Ik zucht en verberg mijn hoofd in mijn handen.

Als Rutger me voor de deur staat op te wachten zal ik vragen wat hem mankeert. Eens kijken wat hij dan zegt. Liever nu een confrontatie dan straks, als iedereen naar huis is.

Ik haal diep adem, sta op, maak mijn kleding in orde en doe de deur open. Tot mijn opluchting zie ik dat de gang leeg is. Ik aarzel even voor ik de overvolle kamer in stap. De huiskamer heeft zijn vertrouwde contouren verloren, ik zie alleen een menigte vage gestalten zonder te kunnen zeggen wie wie is. Ik pers me door de samengepakte lichamen heen tot ik in de huiskamer ben.

Daar zit Bibi met een paar anderen. Ik hoor haar hoge, vrolijke stem boven iedereen uit. Ze schenkt de glazen nog eens vol witte wijn en zwaait jolig met de fles naar me. Ik ga naast haar zitten en stoot haar aan.

'Je moet even naar je telefoon kijken. Je hebt een bericht.'

'Hoe weet jij dat?' Ze zoekt in de zak van haar rok en

vervolgens in haar tas maar kan haar telefoon niet vinden. 'Volgens mij ligt hij op mijn slaapkamer op te laden. O nee, ik heb hem al.'

Er komt iemand aanlopen die ik pas herken als hij in de lichtcirkel van de plafonnière stapt. Ik tast naar Bibi's hand, probeer haar telefoon weg te duwen. 'Niet nu, kijk later maar.'

'Wat is er? Wat doe je vreemd?'

'Later,' zeg ik nadrukkelijk.

Bibi luistert niet vaak naar me, maar nu laat ze het er gelukkig bij. Waarschijnlijk heeft ze ook helemaal geen zin om haar berichten te bekijken, want het is gezellig. Er staan al heel wat lege flessen op tafel en de volgende fles ontkurkt ze met enige moeite.

'Hulp nodig van een professional?' Rutger ploft tussen ons in op de bank en steekt zijn hand uit naar de kurkentrekker.

'Sinds wanneer drink jij witte wijn?' informeert Bibi lacherig.

'Nooit, maar wel rode. Kijk, daar gaat hij.' Met een bevredigende plop schiet de kurk uit de hals van de fles. Gedienstig schenkt Rutger de glazen vol. Ook hier neemt hij meteen het gesprek over. Doordat hij zich tussen Bibi en mij in manoeuvreert kan ik geen woord meer met haar wisselen. Geërgerd kom ik overeind en loop naar de keuken. Als hij nu weer achter me aan komt, wordt het te opvallend. Dan bel ik de politie, neem ik me voor.

Maar het is Bibi die me achterna komt. 'Is er iets,

Manon?' vraagt ze bezorgd. 'Je bent zo onrustig.'

Ondanks al die glazen chardonnay mankeert er niets aan haar opmerkingsgave.

'Het is Rutger,' zeg ik snel. 'Volgens mij was hij een van de overvallers. Ik keek naar hem en opeens...'

'Wat zeg je nou? Doe niet zo raar!' Er klinkt niet alleen ongeloof maar zelfs een vleugje ergernis in Bibi's stem door.

'Ik meen het. Ik hoorde zijn stem en...' Ik zwijg zodra ik Rutger onze kant op hoor komen. 'Daar heb je hem weer. Dat is toch niet normaal?'

Ik hoor zelf de wanhoop in mijn stem. Bibi blijkbaar niet, want ze laat me gewoon staan en begint in een keukenkastje te rommelen.

Rutger schuurt langs me zonder iets te zeggen en sluit zich aan bij de groep die de keuken in beslag heeft genomen. Bibi haalt zakken chips tevoorschijn en gooit ze een voor een naar Rutger.

'Wil jij de schalen even bijvullen, Rut? Dank je, je bent een schat.'

Even staat Rutger roerloos, dan draait hij zich om en doet wat Bibi heeft gevraagd.

We hebben hoogstens drie minuten. Langer kan het niet duren om een paar zakken chips leeg te schudden. In de tijd dat hij weg is, kan ik geen woord tegen Bibi zeggen omdat Sascha en Huib gedag komen zeggen.

'Gaan jullie nu al weg? Wat vroeg!' protesteert Bibi.

'Ik heb weekenddienst, ik moet morgen om zeven uur

weer op,' zegt Sascha terwijl ze eerst Bibi en daarna mij op de wangen kust. 'Het was gezellig, bedankt.'

Na hen vertrekken er nog een paar, maar de meeste van onze vrienden denken er niet aan voor twaalven op te stappen. Rond één uur haken er nog een paar af en om halftwee is er een kleine groep overgebleven die de laatste drank soldaat maakt. Al die tijd is Rutger bij me in de buurt gebleven met een hardnekkigheid die nu ook de anderen opvalt. Ze maken grapjes die steeds flauwer worden en op een gegeven moment hangen ze over de bank van het lachen. Onderuitgezakt in een stoel, met een biertje in zijn hand, ondergaat Rutger de plagerijen zonder commentaar. Ik reageer er ook niet op. Het enige wat ik doe is strak in Bibi's richting kijken, maar daar reageert ze niet op.

Het is vreemd, zo nerveus als ik aan het begin van de avond was, zo kalm ben ik nu. De paar wijntjes die ik heb gedronken hebben een rustgevende invloed. Na de eerste schok vraag ik me af of ik me niet te druk maak.

Wat kan er nu eigenlijk gebeuren? We zijn vrienden, we kennen elkaar al zo lang. We moeten er toch over kunnen praten?

Om tien over twee hijsen de laatste gasten zich van de bank en maakt ook Rutger aanstalten om te vertrekken. Tenminste, daar lijkt het op. Ik ben de enige die het opvalt dat hij loopt te treuzelen en naar de sleutels van zijn motor zoekt. De anderen wachten daar niet op; ze nemen luidruchtig afscheid en vertrekken met veel geroep.

Ik doe de deur achter hen dicht en draai me om. Rutger staat tegen de muur in de gang geleund. Om hem heen hangt een sterke alcohollucht, al heb ik niet de indruk dat hij dronken is. Rutger heeft altijd goed tegen drank gekund.

'Nou, dat was gezellig, hè? Ik denk dat ik zo maar eens naar bed ga. Bibi en ik ruimen morgen de troep wel op,' zeg ik geforceerd opgewekt.

Rutger zegt niets, kijkt alleen in mijn richting. De stilte tussen ons bezorgt me de zenuwen en opeens heb ik er genoeg van. We staan dicht bij elkaar in de smalle gang, maar ik ben niet bang. Een bijna roekeloze stemming maakt zich van me meester. Ik vouw mijn armen over elkaar en ga vlak voor hem staan.

'Wat is er met jou aan de hand?' vraag ik. 'Je doet de hele avond al zo vreemd. Je volgt me door het hele huis. Waarom is dat?'

Zwijgend observeert hij me en ik voel iets van mijn bravoure wegsijpelen.

'Zo groot is je huis niet,' zegt hij na een tijdje. 'Misschien ben je een beetje paranoïde geworden door alles wat er de laatste tijd is gebeurd.'

'Waarom zou ik op een feestje paranoïde zijn?'

Hij haalt zijn schouders op. 'Als je je eenmaal bedreigd voelt, voel je je nergens meer veilig.'

'O ja? Heb je daar ervaring mee?' Ik kijk hem recht aan, doe mijn uiterste best om zo veel mogelijk van zijn gezichtsuitdrukking te zien. Gelukkig brandt het ganglicht, dat helpt.

'Ik heb overal ervaring mee, dat weet je toch?' Rutger glimlacht en maakt zich los van de muur. 'Zeg, zullen we een ritje op mijn motor gaan maken?'

Perplex kijk ik hem aan. 'Nu? Ben je gek geworden? Je mag niet eens meer rijden.'

'Dan blijf ik hier wel slapen.'

Ik haal diep adem. 'Luister Rutger, ik zal duidelijk tegen je zijn. Ik wil dat je vertrekt. Ik ga geen ritje met je maken en je blijft hier ook niet slapen. Ga maar lopen met je motor, zo ver is het niet.'

Secondelang blijft het stil. 'Het is jammer,' klinkt dan Rutgers stem. 'Zo jammer. Ik heb altijd een zwak voor je gehad, weet je dat?'

Tot mijn onaangename verrassing kust hij me licht op de lippen.

'Hou daarmee op,' zeg ik en duw hem een stukje van me af. 'Ga naar huis, naar bed. Je bent dronken.'

'Ik heb wel iets te veel op, maar ik ben niet dronken. Verre van dat. Ik wist immers dat wij nog iets af te handelen hebben.'

Mijn adem stokt, mijn hart begint zwaar te bonzen. 'Wat bedoel je?'

'Kom op, Manon. Je weet precies wat ik bedoel. De hele avond heb je spelletjes lopen spelen, me lopen aankijken en uitdagen en nu geef je niet thuis. Maar zo gemakkelijk gaat dat niet.'

'Waar heb je het over? Wat voor spelletjes bedoel je? Ik...'

Hij trekt me naar zich toe en kust me hard op de mond. 'Kat-en-muisspelletjes. Dit wilde je de hele avond al, ontken het maar niet.'

O nee, hij denkt dat ik verliefd op hem ben. Zou dat de reden zijn dat hij in mijn buurt bleef? Dacht hij dat ik met hem speelde? Maar dan heb ik me vreselijk vergist!

Ik ruk me los en loop in verwarring de woonkamer in. Daar ligt Bibi op haar zij op de bank. Haar lichte gesnurk verraadt dat ze te veel gedronken heeft.

'Manon, je kunt geen verstoppertje blijven spelen. We moeten praten.' Rutger komt ook de kamer in en blijft midden in het vertrek staan, zijn handen in zijn broekzakken gestoken.

Een ontzettende vermoeidheid daalt over me neer. 'Ik ben niet verliefd op je, Rutger. Als ik je dat gevoel heb gegeven, dan spijt me dat.'

'Ik ben ook niet verliefd op jou. Maar dat maakt toch niet uit?' Langzaam komt hij op me af, zijn handen nog steeds in zijn broekzakken. Als hij voor me staat, haalt hij ze eruit en legt ze op mijn heupen. 'Zie het als een verjaardagscadeautje. Of een afscheidscadeautje, wat je wilt.'

'Hoe bedoel je?' Ik doe geen moeite om afstand te creeren, al is hij heel dichtbij en hindert dat me enorm. Het heeft geen zin, hij blijft me toch achterna komen. Bovendien hangt er iets in de lucht. Een spanning die zich de hele avond heeft opgebouwd en nu tot een climax komt. Zijn stem klinkt niet als die van de Rutger die ik al zo lang ken, het is die van een vreemde die een probleem heeft gesignaleerd en daar een einde aan gaat maken.

De manier waarop hij me vasthoudt, bijna pijnlijk stevig, vertelt me dat Rutger niet verliefd op mij is en dat hij ook geen moment heeft gedacht dat ik gevoelens voor hem had. Vanaf het begin hebben we elkaar uitstekend begrepen.

'Ik wist wel dat het niet lang kon duren voor je erachter kwam. Daarvoor kennen we elkaar te goed. Het verbaast me dat je me niet meteen herkende.'

Als ik nog twijfels had, dan zijn die na die opmerking verdwenen.

'Ik kan zwijgen,' zeg ik zacht. 'Ik hou mijn mond.'

Rutger zucht diep. 'Weet je, dat zou ik graag willen geloven. Ik denk ook wel dat je het kunt, maar voor hoelang? Een verspreking is zo gemaakt. En misschien denk je er over een paar dagen heel anders over.'

'Nee, echt niet. Dat weet ik zeker. Ik zweer het!'

Hij streelt mijn gezicht, tilt mijn kin een stukje op. 'Dat is niet genoeg, Manon. Als het nou alleen om die overval ging, maar ik heb iemand vermoord. Dat was niet de bedoeling, het was zijn eigen schuld. Hij probeerde mijn wapen te grijpen en toen ging het af. Maar voor justitie maakt dat niet uit. Ze zullen me voor jaren de bak laten in draaien. En daar heb ik geen zin in, begrijp je?'

Wanhopig kijk ik naar Bibi, die zachtjes snurkt op de bank. Max ligt met zijn rug naar me toe in zijn mand. Ik heb me altijd afgevraagd wat hij zou doen als ik door een onbekende werd aangevallen. Ik denk dat hij diegene naar de keel zou vliegen. Maar Rutger kent hij te goed om te vermoeden dat er iets niet in orde is.

Rutgers handen glijden naar mijn schouders, omvatten mijn keel en laten meteen weer los. Hij lacht, alsof hij maar een grapje maakte.

'Waarom doe je dit?' vraag ik wanhopig. 'Je weet dat ik je niet zal verraden.'

'Zoals ik al zei, ik ben daar niet van overtuigd. Bovendien ben ik niet de enige die bij die overval betrokken was. Mijn vrienden zijn er niet erg blij mee dat je niet zo blind bent als ze dachten.'

'Maar jij wist dat wel!'

'Ja, en ik heb geprobeerd de jongens ervan te overtuigen dat je geen steek zag. Helaas durfden ze daar niet op te vertrouwen. En ze hadden gelijk, zoals nu wel blijkt. Ik had beter moeten weten, Manon. Ik was aldoor al bang dat je mijn stem zou herkennen, tijdens die overval al. Toen dat niet gebeurde, dacht ik dat ik veilig was. Ik had kunnen weten dat het kwartje toch zou vallen bij je.'

'En die auto die me bijna overhoop reed? Was dat jouw werk?'

'Nee, dat was Konrad. Die eikel gebruikte míjn auto nota bene. Ik heb hem een klap op zijn bek gegeven waar hij nu nog moeilijk van praat.'

'En die jongen op mijn werk?'

'Ook Konrad. Die idioot wilde je daar, op het gemeentehuis, neerschieten als je hem herkende. Maar dat gebeurde niet en toen kwamen ook je collega's nog binnen.

Echt, ik neem die gast nooit meer ergens mee naartoe.'

'Hoe bedoel je? Heb je vaker overvallen gepleegd?'

Rutger schiet in de lach, alsof ik een goede grap maak. 'Lees je geen kranten? Ik léíd die bende.'

De angst schiet als een bliksemstraal door mijn lichaam. Nog altijd weet ik niet precies wat Rutger van plan is. Laat hij me gaan? Of vertelt hij me dit alles omdat hij weet dat ik het ochtendgloren niet haal?

'Als je eens wist hoeveel moeite ik heb gedaan om Konrad tot kalmte te brengen en die acties uit zijn hoofd te praten. Ik had geen idee dat hij van plan was om jou overhoop te rijden. Maar goed, dat kan ik nu mooi tegen hem gebruiken. Er zullen mensen zijn die hem in het gemeentehuis zijn tegengekomen en die hem in mijn auto hebben zien zitten. Ik weet nog niet hoe ik dat laatste ga oplossen, maar ik verzin wel wat. Eerst bel ik hem op en vraag of hij hier naartoe komt.'

In verwarring kijk ik naar Rutger op. 'Hier naartoe? Waarom?'

'En daarna bel ik de politie,' gaat Rutger verder, zonder op mijn vraag te reageren. 'Dan kunnen ze hem meteen in zijn kraag grijpen.'

'Ik begrijp het niet,' zeg ik onzeker, maar dat is niet waar. Ik begrijp het uitstekend, ik kan het alleen niet geloven. In een laatste poging me uit dat zwartgallige scenario te redden, leg ik smekend een hand op zijn arm. 'Rutger, kijk naar me. Je hebt het over mij, Manon! Laten we even gaan zitten en hier rustig over praten. Ik zweer je...'

'Hou op, Manon. Ik vind het ook niet leuk, maar wat heb ik voor keus? Ik had je willen sparen, maar nu je mij hebt herkend...'

Met een onverwachte beweging ruk ik me los uit zijn greep en struikel achteruit. Ik draai me om en ren naar de keuken om iets te zoeken waarmee ik me kan verdedigen. Maar zo ver kom ik niet. Rutger vloert me eenvoudigweg. Hij springt boven op me, draait me op mijn rug en legt zijn handen om mijn keel.

'Ook goed, dan doen we het hier.'

Ik wil gillen zodat Max me te hulp kan schieten. Schreeuwen van angst begrijpt hij, hij zou gaan blaffen, misschien Rutger wel aanvallen. Maar de stevige greep van Rutgers handen om mijn keel maakt dat onmogelijk. Hij begint meteen te knijpen, steeds harder.

Ik probeer mijn vingers in zijn ogen te drukken, hem aan zijn haren te trekken, maar ik heb het al zo benauwd dat ik daar amper de kracht voor heb.

Op het moment dat de druk op mijn luchtpijp toeneemt en het echt zeer gaat doen, verschijnt er een gestalte achter Rutger. Bibi.

Ze is opeens niet meer zo slaperig en al helemaal niet dronken. Vastberaden tilt ze een glinsterend voorwerp hoog op en laat het met kracht op Rutgers hoofd neerkomen.

Als een pudding zakt hij ineen. Het enige wat ik hoor is een zwaar pufgeluid, alsof hij in één keer leegloopt. Dan verslapt zijn lichaam.

Wild spartelend probeer ik eronder vandaan te komen. Bibi schiet me te hulp en trekt Rutger van me af.

'Gaat het? Gaat het?' Ongerust knielt ze naast me neer en helpt me overeind.

'Waar bleef je nou! Hij had me al half gewurgd!' Ik wrijf over mijn pijnlijke keel en adem gejaagd in en uit.

'Sorry, het ging opeens zo snel en ik moest zeker weten dat de camera liep.' Met een beverig lachje en een trillende hand houdt Bibi haar smartphone omhoog.

'Is het gelukt? Staat het erop?' vraag ik gespannen.

We luisteren samen naar mijn gesprek met Rutger en naar zijn bekentenis. Hulde aan Bibi's smartphone, de kwaliteit is geweldig. Alles staat er luid en duidelijk op, in woord en beeld. Dat laatste kan ik weliswaar zelf niet beoordelen, maar volgens Bibi staat alles er 'gekleurd' op. Alleen het moment waarop ze Rutger knock-out sloeg niet, omdat ze toen haar telefoon moest neerleggen. Zodra het filmpje afgelopen is, kijken we allebei naar Rutgers roerloze lichaam.

'Zou hij dood zijn?' vraag ik.

Bibi kruipt naar Rutger toe en voelt aan zijn halsslagader. 'Nee, hij leeft nog.'

Ik slaak een zucht van opluchting. Niet omdat ik me zoveel zorgen maak over Rutger, maar omdat ik mijn zus niet graag voor moord of doodslag aangeklaagd zie worden. Ik wacht tot ze weer naast me zit en zeg zacht: 'Ik geloof dat je je schuld nu wel hebt afbetaald, Bieb.'

Bibi veegt een lok haar uit haar gezicht en kijkt me even aan.

'Misschien,' zegt ze ten slotte. 'Daar hebben we het nog wel over.' Ze schuift dicht naast me, slaat haar arm om me heen en belt de politie.

Het bosgraf

De kuil was diep, langwerpig en lag goed verscholen in het bos. Als Jackie zich niet ver buiten de paden had begeven, waren ze hem nooit tegengekomen. Maar opeens stonden ze aan de rand van de kuil en keken er vol verbazing naar.

'Wat moet dat nou voorstellen?' zei Roelof met opgetrokken wenkbrauwen.

Daphne keek haar man aan. Hij was lang en zag er met zijn vijfenveertig jaar goed uit. Zijn grijzende slapen gaven hem een gedistingeerd uiterlijk, waar vrouwen naar omkeken. Iets waar Daphne altijd trots op was geweest. Kijken mag, dacht ze dan altijd, maar hij gaat met mij mee naar huis!

Sinds ze zelf de veertig was gepasseerd, en de lijnen in haar gezicht zich opeens leken te vermenigvuldigen, beviel dat kijken haar een stuk minder.

Jackie liet zijn bal uit zijn bek vallen en blafte naar haar. Een beetje afwezig aaide Daphne de jackrussellterriër, die hijgend en met een snuit vol modder zijn pootjes tegen haar spijkerbroek zette. 'Een kuil. Wat raar, zo midden in het bos.' Daphne keek vragend naar haar man, die een peinzende uitdrukking op zijn gezicht had gekregen.

'Een kuil op zich is niet vreemd, iedere hond kan er een graven, maar deze is door mensenhanden gemaakt,' zei Roelof.

Ze liepen eromheen, keken erin, zagen de scherpe, platte randen waar de schop in de aarde was gestoken.

'Het lijkt wel een graf,' zei Daphne en er trok een rilling over haar rug.

Roelof fronste zijn wenkbrauwen en keek in de kuil, alsof hij verwachtte daar plotseling een lijk in aan te treffen.

'Verdomd,' mompelde hij.

Het was zo ongebruikelijk voor hem om te vloeken dat Daphne hem verrast aankeek. Zelf liet ze zich nog weleens een stevig woordje ontvallen, maar dat kwam haar altijd op een verwijtende blik van Roelof te staan. Ze zou niet snel een echte vloek over haar lippen laten komen, maar Roelof maakte zich al druk over woorden als getver en verdorie, en vond dat je ook daarmee Gods naam lasterde.

'Vind je dat we het aan de politie moeten vertellen?' vroeg Daphne.

'Welnee,' zei Roelof. 'Waarom? Misschien heeft de boswachter die kuil wel gegraven en heeft hij er een heel logische verklaring voor, al zou ik niet weten welke. Ik heb geen zin om voor gek te staan bij de politie omdat ik een kuil in het bos heb gevonden.'

'Het is niet zomaar een kuil,' aarzelde Daphne. 'Het lijkt echt op een graf.'

Jackie sprong weer tegen haar op, met zijn bal in zijn bek.

'Jij wilt verder, hè?' zei Daphne tegen de hond. 'Kom, Roel, we komen later nog wel een keer terug om te kijken waar die kuil voor bestemd is. Ik kan me niet voorstellen dat de boswachter hem niet heeft gezien.'

Roelof knikte en draaide zich om. 'Je hebt gelijk, het zal wel goed zijn.'

Ze banjerden door de struiken, terug naar het wandelpad waar ze flink van afgedwaald waren. Scherpe doorns bleven aan hun kleding haken, takken deden een greep naar Daphnes blonde haar. Alleen Jackie rende onbekommerd voort.

Eenmaal terug op het pad zagen ze er nogal verwilderd uit, met takjes in hun haar, schrammen op hun handen en modder aan hun wandelschoenen. Daphne keek naar Roelof, die er graag altijd onberispelijk uitzag, en ze lachte plagend naar hem. Hij merkte het niet eens. In gedachten verzonken sloeg hij het pad naar hun huis in, zonder zijn snelheid aan haar aan te passen zoals hij anders altijd deed.

De hele weg naar huis bleef hij zwijgen, met die denkrimpel boven zijn ogen. Ze woonden aan de rand van het bos, konden er zo in- en uitlopen, wat ze iedere dag ook deden. Niet alleen om Jackie uit te laten, hoewel dat de hoofdreden was, maar ook omdat ze van wandelen hielden. Het uitgestrekte bos op de Veluwe had inmiddels niet veel geheimen meer voor hen. Ze woonden hier al vijftien jaar en hadden praktisch iedere vierkante meter verkend. Dat wilde zeggen, van de gewone wandelroutes. Het stuk bos waar ze vanochtend gelopen hadden en waar ze de kuil aantroffen, lag ver buiten de officiële wandelpaden, was moeilijk begaanbaar en nodigde niet uit tot plezierig wandelen. Wat bezielde iemand om daar een kuil te graven?

Daphne wierp zijdelings een blik op haar man en vroeg zich af waar hij aan dacht. Aan het raadsel van de kuil? Ze betwijfelde het. Roelof had de laatste tijd wel vaker van die stille, teruggetrokken buien. Er was iets wat hem continu bezighield. Ze zag het aan de manier waarop hij zijn wenkbrauwen fronste. Hij had zelfs niet in de gaten dat ze hem steeds openlijker bestudeerde. Ze voelde zich buitengesloten maar durfde niet te vragen waar zijn gedachten hem naartoe voerden.

Ogenschijnlijk hadden ze een goed, harmonieus huwelijk. Geen kinderen, die wilde Roelof niet, en zij had vroeger evenmin behoefte aan complicaties in hun drukke leven. Met een eigen kledingzaak en een uitgebreide vriendenkring hadden ze meer dan genoeg aan zichzelf. Daphne begon te twijfelen toen ze halverwege de dertig was. Haar lang onderdrukte moedergevoelens begonnen op te spelen tot ze niet meer te negeren waren. Ze vocht er nog een tijd tegen tot ze Roelof ermee confronteerde.

'Een kind?' Hij was bezig met de boekhouding van de zaak en had haar verbaasd aangekeken. 'Hoe kom je daar nou bij? Ik dacht dat we het wat dat betreft eens waren.'

Daphne ging tegenover hem aan tafel zitten. 'Ja, maar ik ben van mening veranderd. Ik denk dat ik het toch wel leuk zou vinden om moeder te worden.'

'Je dénkt dat je het leuk zou vinden,' zei Roelof nadrukkelijk, zijn blik alweer gericht op de papieren.

'Ja, en ik denk dat jij een heel goede vader zou zijn,' zei Daphne met een glimlach.

'Ik denk van niet,' zei Roelof kortaf. 'De zaak is mijn leven, het is jouw leven! Hoe moeten we dat regelen als jij zwanger bent? Je zult met zwangerschapsverlof moeten en daarna ga je je met het kind bezighouden. Moet ik soms al die tijd de winkel in mijn eentje runnen, Daf?'

'Je kunt toch voor vervanging zorgen?' stelde ze voor.

Hij keek haar vermoeid aan over het randje van zijn bril. 'Wat denk je dat kinderopvang ons zal kosten? Daar zijn we helemaal niet voor verzekerd. Echt Daphne, soms denk ik dat je geen flauw benul hebt van hoe de zaken ervoor staan. We hebben het zo druk dat we niet eens een weekje op vakantie kunnen en jij praat over een kind!'

Ze had gezwegen zoals ze altijd deed. Er was geen kind gekomen en de jaren waren voorbijgegaan. Met de regelmaat en hardnekkigheid waarmee gras zich tussen de klinkertjes in de tuin omhoogworstelde, bleef het kindervraagstuk terugkomen. De laatste keer dat ze het onderwerp ter sprake had gebracht was drie jaar geleden, als ze het zich goed herinnerde. Ze was toen achtendertig, een acceptabele leeftijd om nog moeder te worden, en ze voerde een moeizaam gesprek met Roelof dat eindigde in een patstelling. Zij wilde kinderen, hij niet. Een week later gingen ze met haar zus Ymke en haar man Hans op vakantie. Een midweek in een huisje in Limburg. Natuurlijk wisten ze van tevoren dat ze rekening zouden moeten houden met hun neefjes en nichtje. Drie kinderen, waarvan de jongste, Robbie, nog niet zelf rechtop kon zitten, de middelste, Sander, last van de peuterpuberteit had en Lara, de oudste, nog niet naar de basisschool ging. Daphne begreep dat er veel aandacht naar de kinderen zou gaan en was voorbereid op wat drukte. Dat was een understatement. De kinderen zogen niet veel, maar álle aandacht naar zich toe. Robbie krijste zodra hij wakker werd, en hij sliep weinig, Sander kreeg om de meest onbenullige zaken een driftaanval en Lara werd een beetje ziek en wilde de hele midweek alleen maar bij Ymke op schoot. Natuurlijk wilden ze 's avonds geen van allen slapen zodat Ymke en Hans ze maar beneden lieten, en de kans op een rustige avond met een glas wijn bij de open haard al snel verkeken was.

Het weer werkte ook niet erg mee, maar na twee dagen stond Roelof langer buiten in de motregen, een sigaret in zijn hand, dan hij in het huisje zat. Tijdens het ontbijt, wat steevast met chaos en gegil gepaard ging, kruisten zijn ogen meermalen die van Daphne en ze had begrepen dat de kans uiterst klein was dat zij er op een dag met hun eigen kinderen zo bij zouden zitten.

Maar Roelof was er niet bij toen Robbies geplaagde darmpjes eindelijk tot rust waren gekomen en hij voor het eerst naar Daphne lachte. Hij was niet bij de verjaardagspartijtjes van Sander en Lara. Hij had niet ervaren hoe het voelde om omhelsd te worden door mollige kinderarmpjes, en gezoend door plakkerige gezichtjes als bedankje voor het opblazen van dertig ballonnen en het dichtbinden van een mand vol feestzakjes. Hij had nooit een kind op schoot gehad dat, vermoeid en in het volste vertrouwen van jouw zorg en liefde, tegen je aanleunde en de ogen sloot. Hij had er geen idee van hoe leeg haar armen voelden.

Nu was ze eenenveertig en de lege kamers in haar te grote huis schreeuwden haar toe. De zaak bloeide als nooit tevoren, en op vakantie gaan was geen probleem meer. Ze hadden personeel aangenomen zodat ze twee keer per jaar op vakantie konden. Op dit moment zou ze voor de duur van een zwangerschapsverlof best uit de zaak kunnen stappen, maar voor haar gevoel was het te laat. Niet dat ze wilde klagen, want ze hadden het goed samen. Ze gingen elke week luxueus uit eten en ook hun vakanties mochten wat kosten. Toch had ze liever een of twee kinderen gehad om mee naar de Efteling te gaan.

In haar droom lag Daphne languit in de kuil terwijl iemand aarde over haar heen schepte. Het was midden in de nacht, pikkedonker en degene die haar begroef kon niet zien dat ze haar ogen open had, dat ze nog leefde. De aarde in haar mond belette haar te schreeuwen en om de een of andere reden was ze niet in staat zich te bewegen. En zo stierf ze in het bos, levend begraven.

Met een schok werd Daphne wakker. Het was zondagochtend en nog geen zeven uur. Ze keek opzij en zag dat Roelof in een diepe slaap was. Daphne stond op en trok haar ochtendjas aan. Een merkwaardige lichtglans achter het gordijn trok haar aandacht. Ze liep naar het raam, trok het gordijn een stukje open en glimlachte. Het had gesneeuwd. Een heel klein beetje, maar toch. Wat leuk op kerstochtend!

Aan het eind van de middag zouden Ymke en Hans en de kinderen komen, en een paar goede vrienden die anders alleen thuis zouden zitten. Kerst was voor Daphne niet strikt een familiefeest, maar een goede gelegenheid om je te omringen met iedereen die je lief is. Haar ouders leefden helaas niet meer, en daarom koesterde ze de band met haar zus en haar vrienden.

Gelach en geroep vulden de straat en ze drukte haar neus tegen het glas om te kijken wie er zo vroeg op waren. Ze zag twee kinderen met een slee door de straat rennen en weer glimlachte ze, al was het nu ietwat triest. De herinnering aan haar droom liet haar rillen. In plaats daarvan dacht ze vlug aan de kinderen van haar zus. Ze werden alweer groot. Lara was inmiddels negen en schreef zelf verhaaltjes, Sander was zeven en helemaal gefixeerd op alles wat met beeldschermen te maken had en Robbie was ook al een heel manneke met flink wat praatjes. Deze leeftijd vond Roelof ook wel leuk. Met baby's en peuters had hij niet veel, maar met Robbie mocht hij graag een beetje stoeien en hij kon zich uren met Sander en Lara op de PlayStation amuseren, waar ze de meest lawaaierige en onbegrijpelijke spelletjes op speelden. Hij had het ding speciaal voor hen aangeschaft en toen Daphne laatst samen met hem door de Media Markt liep, pakte Roelof tot haar verrassing als een doorgewinterde vader uit zichzelf een nieuw spelletje voor de jongens uit het rek, en de nieuwste SingStar-karaokeset voor Lara.

'Leuke kerstcadeautjes,' zei hij met een glimlach.

Dure kerstcadeautjes, ontdekte Daphne aan de kassa, maar het had haar niet veel uitgemaakt.

Ze liep naar beneden en maakte een licht ontbijt voor zichzelf. Na een uurtje kwam Roelof geeuwend naar beneden stommelen en zodra hij gedoucht had en een kom yoghurt met cruesli had gegeten, gingen ze naar de kerk. Met de auto, want de sneeuw was overgegaan in regen.

Het was opvallend hoezeer Roelof opging in de preek. Zeker de helft van de tijd zat hij met zijn ogen gesloten, zijn handen gevouwen en een gepijnigde trek om zijn mond. Op zijn gezicht lag een uitdrukking van intense concentratie. Daphne lette meer op haar echtgenoot dan op de preek, maar na een tijdje dwong ze zichzelf naar de woorden van de pastoor te luisteren. Hij praatte over boete en schuld, vergeving en verlossing.

Toen ze de kerk verlieten was Roelof diep in gedachten. Pas in de auto keerde hij zich naar Daphne toe en zei: 'Geloof jij dat er voor iedere zonde vergeving is?'

Daphne keek hem onderzoekend aan. 'Ja,' zei ze. 'Als je oprecht berouw hebt...'

Roelof knikte, keek een tijdje voor zich uit en startte de motor. Ze reden door het dorp, langs het bos, in de richting van hun grote, vrijstaande huis. De weg voerde langs een speelweide waar kinderen uit het dorp zich uitleefden op de klimtoestellen. Ze gilden, renden en lachten om het hardst. Daphne keek naar ze tot een bocht in de weg hen aan het zicht onttrok.

'Zullen we nog even een stukje lopen in het bos?' stelde ze voor, toen de speelweide achter hen lag.

'Nee, ik moet nog even weg,' zei Roelof.

'Op eerste kerstdag?' reageerde Daphne verbaasd. 'Waar moet je naartoe?'

'Henk vroeg me of ik langs kon komen om hem te helpen met zijn computer. Dat ding is wéér gecrasht.' Roelof keek haar verontschuldigend aan.

'En het kerstdiner dan?' zei Daphne verontrust.

'Dat zou jij toch verzorgen? Jij houdt toch zo van koken? Dat heb je zelf gezegd,' hielp Roelof haar herinneren.

Dat was wel zo, maar ze had gedacht dat ze er gezellig

samen de voorbereidingen voor zouden treffen. Met een sfeervol cd'tje op, een glaasje wijn binnen handbereik...

Roelof legde zijn hand op haar knie terwijl hij met zijn andere hand stuurde. Ze had liever dat hij beide handen aan het stuur hield, zeker in een bocht, maar ze reden niet hard. En de druk van zijn hand op haar been voelde prettig aan.

'Ik ben niet zo lang weg. Als ik terugkom help ik je wel, oké?' beloofde Roelof.

De kersttaart moest een paar uur opstijven in de koelkast, het vlees moest in de marinade en de citroenspoom diende ook lang van tevoren gemaakt te worden. Ze had geen idee waar Roelof haar op het laatste moment nog mee wilde helpen, maar veel kon dat niet meer zijn. Als hij terugkwam kon hij hoogstens de tafel dekken.

Haar zwijgen deed Roelof onderzoekend naar haar kijken.

'Vind je het heel erg?' vroeg hij.

'Nee,' zei ze. 'Natuurlijk niet. Als je maar op tijd terug bent. Ymke en de anderen komen om vijf uur.'

Roelof glimlachte, parkeerde de auto voor de garage en gaf haar een kus op de wang. 'Dan ga ik meteen maar even. Des te eerder ben ik terug.'

Het sneeuwde weer, niet zo hard, maar het laagje dat zich vormde op de grond smolt niet weg. Het was ook behoorlijk koud, het vroor beslist.

Daphne sloeg het bospad in, zette de kraag van haar

winterjas op en trok haar sjaal wat steviger om haar hals. De bomen in het bos stonden roerloos, als verstijfd van de kou, langs de paden. Ze wist niet wat het was dat haar verder het bos indreef, terug naar de kuil. Ze had Jackie meegenomen, die blij voor haar uitrende.

Ze had onthouden waar ze het bos uitgekomen waren toen ze de kuil voor het eerst hadden ontdekt; recht tegenover de merkwaardig gekromde, deels uiteengespleten boom waarvan de kinderen uit de buurt geloofden dat er kaboutertjes in woonden. Daphne verliet het pad en wurmde zich door het struikgewas. De sneeuw viel van de takken en drong door haar broek heen, zodat ze de kou en het vocht tot aan haar knieën voelde bijten.

Was het zo ver lopen naar die kuil? In haar herinnering was hij veel dichter bij het pad, maar hij bleek een flink stuk dieper het bos in te liggen. Ze was enigszins buiten adem toen ze door de takken heen de kleine open plek zag schemeren. Van een afstand probeerde ze te zien of er iets veranderd was, al zou ze niet precies weten wat. De kuil zou opeens gevuld kunnen zijn. Alsof ze dat vanaf deze afstand zou kunnen zien.

Daphnes voetstappen vertraagden en haar hart bonsde onrustig terwijl ze zich door de laatste struiken wrong. Een vlugge blik leerde haar dat het enige wat de kuil vulde een klein laagje sneeuw was. Voor de rest leek hij onaangeroerd. Had ze dan iets anders verwacht?

Ja, besefte ze. Een kuil vroeg erom gebruikt te worden. Om wat voor reden of door wie dan ook.

Onderzoekend liet ze haar ogen over de omgeving glijden, over het struikgewas, de grond. Ze keek zelfs omhoog, alsof het antwoord op dit raadsel in de toppen van de bomen te vinden was. Haar ogen gleden terug... en ze schrok.

Onverwacht, zonder enig geluid te maken, was iemand de kleine cirkel van de open plek binnengekomen. Een man met een donkergroene legerjas aan, zijn zwarte haar lang en slordig, staarde haar vanaf de andere kant aan. Op zijn gezicht lag een scala aan emoties, alsof hij net zo geschrokken was als zij en zich nu stond op te winden over haar onwelkome aanwezigheid.

Jackie begon te blaffen, met aanhoudende hoge kefgeluidjes, waar de man totaal geen acht op sloeg. Door zijn oogharen gluurde hij in Daphnes richting, nu met een uitdrukking van woede op zijn gezicht die haar grote angst aanjoeg.

Ze deed een stap naar achteren en op hetzelfde moment deed de man een paar stappen naar voren, om de kuil heen. Hij veegde zijn lange zwarte haar uit zijn ogen en bewoog zich met een bijna sluipende gang verder in Daphnes richting. Misschien wilde hij haar gewoon passeren, dat was niet duidelijk. Jackie vertrouwde het in elk geval niet en begon te grommen.

'Goe... goedemiddag,' bracht Daphne er met moeite uit.

De man keek haar kwaadaardig aan.

Ze kon nu twee dingen doen, realiseerde Daphne zich.

Ze kon de man toeknikken en rustig weglopen, met het vertrouwen dat hij geen kwaad in de zin had. Ze kon ook zo hard ze kon wegrennen, met het gevaar zich belachelijk te maken als hij niet meer dan een toevallige voorbijganger was.

In een film zou je iemand die op zo'n stille plek staat wel willen toeschreeuwen dat hij moet vluchten, je zou niet begrijpen wat iemand bezielde om er zo lang schichtig en besluiteloos bij te staan. In het echte leven hielden mensen vast aan zoiets idioots als gezichtsverlies en bleken ze niet in staat te geloven dat ze in gevaar verkeerden.

Ze zou wel willen wegrennen, maar ze betwijfelde of het haar zou lukken, zo stijf en houterig voelden haar benen aan. Rustig weglopen dan maar. Waardig de aftocht blazen.

Daphne knikte de man nog eens toe, alsof ze in het geheel niet geschrokken was, draaide zich om en stapte het struikgewas in. Met bonzend hart luisterde ze of ze gevolgd werd, maar het uitblijven van voetstappen of gekraak van takjes stelde haar nauwelijks gerust. Ze had de man immers ook niet horen aankomen. Bovendien veroorzaakte ze zelf te veel geluiden om die engerd te kunnen horen.

Net toen ze zich wat gerustgesteld voelde en een blik over haar schouder waagde, hoorde ze zijn ademhaling. Een zware ademhaling, onderbroken door een vloek. In een flits zag ze dat hij wel degelijk achter haar aankwam, een beetje voorovergebogen, de handen in de zakken van de lange legerjas, het haar bungelend voor zijn ogen. Jackie begon weer opgewonden te blaffen.

'Kom Jackie, kom!' riep ze de hond toe.

Toen pas gehoorzaamden haar benen en rende ze weg, zo hard ze kon.

Buiten adem kwam ze thuis. Die griezel had de achtervolging niet ingezet maar was op een bepaald moment weer in het bos verdwenen, zodat ze nog steeds niet wist of haar angst terecht was. Het maakte ook niet uit, ze voelde zich op dat moment niet veilig, dus haar beslissing om te vluchten was de juiste geweest. Geen risico nemen. Ze piekerde er ook niet over om nog een keer in haar eentje naar die kuil te gaan.

Daphne trok haar vieze schoenen uit, hing haar jas op en maakte Jackie schoon met een oude handdoek. De hond wachtte geduldig tot ze met hem klaar was, liep naar zijn mand en liet zich erin ploffen.

De rest van de dag was Daphne in de keuken bezig met de voorbereiding van de borrel en het kerstdiner. Een enorme klus voor zoveel mensen, maar ze deed het graag. Koken was een van haar grootste liefhebberijen. Het gaf haar de gelegenheid om rustig over allerlei dingen na te denken, terwijl op de achtergrond haar favoriete muziek klonk. Het gaf haar ook een excuus om alvast een glaasje wijn in te schenken en ervan te nippen terwijl ze in het kookboek bladerde.

Eén keer had ze zich daarmee een beetje laten gaan en

was ze ver over haar taks toen het diner nog moest beginnen. Ze had zich éven teruggetrokken in haar slaapkamer om een beetje bij te komen, en was vervolgens niet meer beneden gekomen. Roelof had haar niet wakker gekregen en moest haar verexcuseren tegenover de gasten. Gelukkig waren die gasten Ymke en Hans, die het wel ongezellig maar ook een goede grap hadden gevonden, waarmee ze haar tot op de dag van vandaag plaagden. Ze zou er vanavond ook wel weer aan herinnerd worden.

Daphne schonk een glaasje port in, veiligheidshalve had ze het kleinste glas gepakt dat in de kast stond, en nipte ervan. Hmm, lekker. Al had het haar nog beter gesmaakt als Roelof thuisgebleven was en ze gezellig samen hadden staan kokkerellen. Als hij dan in ieder geval maar thuis zou zijn als de gasten arriveerden. Om eerlijk te zijn betwijfelde ze dat. Hoe punctueel Roelof normaal gesproken ook was, ze wist bijna zeker dat hij de tijd uit het oog zou verliezen. Ze zou hem vanmiddag even op zijn mobiel bellen, al geloofde ze niet dat hij die aan had staan.

Om drie uur schoof ze de gevulde visrolletjes en de zalmpasteitjes voor de borrel in de koelkast. De kruidige geur van de bouillon voor het voorgerecht, de *consommé mosaïque* zoals het kookboek het zo chic noemde, vulde de keuken terwijl de ragout van paddestoelen voor het hoofdgerecht alleen nog even opgewarmd hoefde te worden.

Daphne checkte haar lijstje. Ze moest alleen de citroenspoom nog voorbereiden; een bolletje sorbetijs, aangevuld met mousserende wijn. Het had zo'n eenvoudig tussengerechtje geleken toen ze het uitkoos, maar ze was er toch nog even mee bezig. Pannetje water aan de kook brengen, suiker erin oplossen, het citroensap zeven en door de siroop roeren. Daarna het mengsel in een plastic bakje overschenken, waarbij ze natuurlijk de helft ernaast goot, en vervolgens ging het in het vriesvak voor de komende uren. Vanavond hoefde ze alleen de bolletjes in de sierlijke, gegraveerde glazen te scheppen en er een scheutje mousserende wijn over te schenken. Dat zou zeker leuk zijn om op te dienen.

De hertenbiefstukjes kon ze pas op het laatste moment braden en de kersttaart voor bij de koffie... O, shit. De kersttaart! Hoe was het mogelijk dat ze die vergeten was! Het pièce de résistance, meer nog dan het echte hoofdgerecht, een smaakpapillen tartende droom van groen marsepein, amandelessence en likeur. Ze had hem al eerder gemaakt, in het klein, om te oefenen en hij was zó lekker dat ze hem helemaal in één keer had opgegeten. Waarna ze de rest van de dag misselijk was geweest en Roelof het moest doen met een avondmaal van gebakken ei met brood.

Daphne ging snel aan de slag en anderhalf uur later was de kersttaart klaar, geheel versierd met blaadjes van marsepein, toefjes slagroom en chocoladesterretjes. Tevreden bekeek ze haar werk. Ze had banketbakker moeten worden! Ze was beslist haar roeping misgelopen.

Er was geen plaats meer in de koelkast om hem te laten opstijven, dus liep ze ermee naar de schuur. Daar was het koud genoeg.

Ze maakte wat ruimte op een plank en zette de taart, beschermd door een grote glazen kaasstolp, neer. Op het moment dat ze de schuur uit wilde lopen, viel haar oog op een dofglanzend voorwerp in de hoek. Daphne liet haar blik erop rusten. De grote tuiniersschop van Roelof. Niet dat hij hem vaak gebruikte, want als er iets ingrijpends moest gebeuren met de tuin lieten ze dat meestal doen. Maar nu stond de schop daar opvallend. Niet ergens achter in een donker hoekje, maar vlak bij de deur, alsof hij pas gebruikt was.

Daphne stak haar hand ernaar uit en tilde de schop op. Met een vlugge blik inspecteerde ze het blad, dat brandschoon was. Echt brandschoon. Hij zag er absoluut niet uit alsof hij recentelijk gebruikt was. Met een gevoel van opluchting zette ze hem terug in het donkere hoekje waar hij altijd had gestaan. Ergens diep in haar roerde zich iets wat haar een onaangenaam gevoel gaf.

Langzaam liep ze door de sneeuw terug naar het huis en keek rond in de rommelige keuken.

Ze had alle voorbereidingen getroffen die nodig waren. Waar bleef Roelof? Die schoof straks natuurlijk op het laatste moment aan, zoals hij de laatste jaren wel vaker deed, liet zich alles goed smaken en zoende haar in haar nek om haar te bedanken voor alle moeite.

Ze had het prettiger gevonden als hij nu thuis was geweest en alle troep voor haar had opgeruimd zodat ze even kon uitblazen.

Daphne liep naar de telefoon en nam hem van de houder. Ze keek naar de hoorn in haar hand. Haar vinger zweefde aarzelend boven de toetsen, en met een zucht zette ze de telefoon terug. Een beetje wezenloos keek ze voor zich uit. Wat had ze nou willen zeggen? 'Hoi Henk, met Daphne. Zeg, zou ik Roelof even kunnen spreken? Ik moet hem wat vragen.'

Alsof ze niet heel goed wist wat Henk zou zeggen. Ze besloot geen gedachten meer aan Roelof te verspillen. In plaats daarvan ruimde ze de keuken op, startte de afwasmachine en dekte met zorg de tafel. Wanneer om vijf uur de gasten kwamen was zij tenminste klaar en mocht Roelof de charmante gastheer uithangen. Dan zou ze niets meer doen, op de hertenbiefstukjes na, want die vertrouwde ze hem niet toe.

Daphne liep van de grenen kast naar de tafel, heen en terug, met stapels wit wedgwood dat op glanzende roze lopers kwam te staan. Ze versierde de tafel met linten en bosjes gipskruid in kleine roze vaasjes. Bij ieder bord zette ze een kristallen bakje met een roze drijfkaarsje neer. Roelof zou het wel te zoet vinden, maar wie er niet was, had ook niet het recht om commentaar te leveren.

Ze trok de gordijnen dicht en stak overal in de kamer kaarsjes aan. Een kerstboom hadden ze niet. Vroeger wel, toen ze nog droomde over kinderen die hem zouden optuigen en er zelfgemaakte versieringen in zouden hangen. Toen bleek dat dat nooit zou gebeuren, kwam er van het ene jaar op het andere geen boom meer in huis.

'Het is zoveel gedoe,' verklaarde ze tegenover Roelof. 'Dat gesleep met zo'n boom en al die dennennaalden op de vloer...'

Ze had weten te voorkomen dat Roelof een kunstboom ging aanschaffen en versierde het huis voortaan op haar manier. Met smaakvolle kerststukken, een versierde kroonluchter, glanzende kerstballen in een schaal en een krans van eucalyptusblad boven het dressoir.

Misschien had ze dit jaar toch een boom in huis moeten halen, voor haar neefjes en nichtje. Ze had er de mooi ingepakte cadeautjes onder kunnen leggen.

Langzaam liep Daphne weer naar de antieke grenen kast en trok er een laatje uit. In de ruimte onder het laatje lag een envelop die ze enige tijd geleden ontvangen had. Ze pakte hem en haalde de papieren en foto's eruit die ze zichzelf zelden toestond te bekijken. Nu bekeek ze ze wel; langzaam en intens.

Ze legde ze pas terug toen het tot haar doordrong dat de gasten ieder moment konden komen en zij nog in haar keukenschort rondliep.

Haastig ging ze de trap op naar boven, gooide het schort in de wasmand en trok haar witte trui uit. Gekleed in bh en spijkerbroek deed ze de kledingkast open en haalde er een hangertje uit waar een strakke, zwarte jurk aan hing. Ze knoopte haar spijkerbroek los, stapte eruit en liet de jurk over haar hoofd glijden. Bijpassende zwarte schoentjes, een panty met een klein glittertje erin en ze was bijna klaar. Alleen haar kapsel en make-up nog. Ze maakte er veel werk van, stak haar haren op in een ingewikkelde rol waarvan Roelof nooit begrepen had hoe ze dat zonder hulp zo netjes voor elkaar kreeg, en bracht een feestelijke maar bescheiden make-up aan.

Op dat moment ging de bel. Snel spoot ze nog wat *Tempore Donna* van Laura Biagiotti in de lucht en ging er onder staan om de nevel van eau de toilette met haar schouders en gezicht op te vangen. Nooit rechtstreeks op de huid aanbrengen, had ze ooit gelezen. Dat maakte de geur te zwaar en te nadrukkelijk.

Ze haastte zich naar beneden, in zichzelf mopperend op Roelof omdat hij haar overal voor op liet draaien, en trok de voordeur met zo'n ruk open dat de kerstkrans er bijna afviel.

'Hallo! Zalig Kerstfeest!' Ymke, ook gekleed in chic zwart met daaroverheen een warm nepbontjasje, kuste haar op de wangen en liep meteen door naar binnen. 'Wat ruikt het hier lekker! En o, wat is het mooi versierd! Geweldig! Wat ben jij toch creatief, Daphne. Ik zou dat allemaal nooit voor elkaar kunnen krijgen.'

Hans volgde, wat rustiger, kuste haar ook op de wangen en overhandigde haar een fles wijn en een schitterend kerststuk. De kinderen wrongen zich langs hen heen door het smalle halletje, holden naar binnen en gooiden hun rugtassen met spullen om zich mee te vermaken neer.

'Daphne, krijgen we wat drinken? Robbie heeft gespuugd in de auto! Waar is Roelof? Waar is de kerstboom?' riepen ze door elkaar.

'Even rustig, jongens. Trek eerst je jas eens uit en zeg behoorlijk gedag,' maande Hans zijn kinderen. Ze trokken hun jassen uit, gooiden ze neer in de hal en kusten Daphne, die zich door haar knieën liet zakken om haar neefjes en nichtje te begroeten.

'Fijn jullie weer te zien. Hoe gaat het?' zei ze warm. 'Willen jullie wat drinken, met chips erbij?'

Dat wilden ze wel. Daphne liep naar de keuken, gevolgd door Robbie en Ymke. Lara plofte op de bank met haar nieuwe *Tina*, Sander zocht zijn Game Boy in zijn rugtas en Hans wandelde door de woonkamer.

'Waar is Roelof?' riep hij Daphne achterna.

'Hij moest nog even weg,' riep Daphne terug. 'Hij zal zo wel terugkomen.'

'Weg? Op eerste kerstdag?' Ymke trok verbaasd haar fijn geëpileerde wenkbrauwen op.

'Tja, computerproblemen bij een vriend van ons. Hij zou niet lang wegblijven, maar je weet hoe dat gaat.' Daphne draaide met haar ogen en glimlachte haar zus toe. 'Wil je een wijntje?'

'Ja, lekker. Het ruikt hier goed, Daf.' Ymke snoof en trok een goedkeurend gezicht.

'Het is allemaal nagenoeg klaar. Ik heb zoveel mogelijk recepten uitgekozen die ik van tevoren kon bereiden.' Daphne haalde een fles witte wijn uit de koelkast en ontkurkte hem. 'Het is zo ongezellig om nog lang in de keuken te moeten staan als je gasten hebt, vind je niet?'

'Ja, dat is waar. Zeg, wij zijn de eersten, hè? Wanneer komen de anderen?' vroeg Ymke.

'Zo,' zei Daphne. 'Ze kunnen er ieder moment zijn.'

Elise was een oude schoolvriendin van Daphne. Drie jaar geleden was ze onverwacht weduwe geworden en sinds die tijd vierde ze eerste kerstdag altijd bij Daphne en Roelof. Martin was een neef van Roelof, recentelijk gescheiden en eenzamer dan hij wilde toegeven. Ook hij ging graag op hun uitnodiging in om eerste kerstdag bij hen te eten.

Ze zouden een mooi stel vormen, Elise en Martin, bedacht Daphne toen ze hen met een wijntje in de hand op de bank zag zitten. Het was natuurlijk niet de eerste keer dat die gedachte in haar opkwam, maar ze was niet van plan om die twee al te opzichtig aan elkaar te koppelen. Ongetwijfeld konden ze zelf ook bedenken dat ze een goede match zouden zijn. Ze had ze bij het opmaken van de tafelschikking naast elkaar gezet, en de rest mochten ze zelf invullen.

Zo te zien klikte het wel tussen hen, al gedroeg Elise zich een beetje te krampachtig 'gewoon' en probeerde Martin lolliger te zijn dan hij van nature was.

Daphne zette de visrolletjes en zalmpasteitjes op de salontafel en keek tersluiks op haar horloge. Verdomme, Roelof!

Ze liep naar de keuken en staarde door het raam van de deur naar buiten. Geen Roelof die haastig achterom kwam lopen.

'Bel hem op,' klonk Ymkes stem zacht naast haar. 'Misschien is hij de tijd vergeten.'

Daphne keek verschrikt om en ontmoette de begrijpende ogen van haar zus.

Ymke keek haar aarzelend aan, alsof ze iets wilde vragen maar niet goed wist of ze dat wel kon maken. 'Daphne,' zei ze ten slotte.

'Ja?'

'Ik wil me nergens mee bemoeien hoor, maar wat is er toch met jullie aan de hand? De laatste keer dat jullie bij ons waren, vond ik Roelof weer zo afwezig. Net alsof hij met zijn gedachten heel ver weg was. En hij ontving de hele tijd sms'jes die hij stuk voor stuk negeerde. Maar later heeft hij ze volgens mij op de wc zitten lezen.'

'Hij houdt er gewoon niet van om in het openbaar te telefoneren en te sms'en,' zei Daphne. 'Dat vindt hij onfatsoenlijk als je bij iemand te gast bent of zelf visite hebt. Dat is toch niet zo raar?'

'Nee,' gaf Ymke toe. 'Als je het zo bekijkt...'

Ze zaten al een halfuur te borrelen toen Roelof met een gejaagd gezicht en duizend excuses binnenkwam. Henks computer was volledig gecrasht en zijn werk ging gewoon door met kerst, dus hij raakte helemaal in paniek. Henk kon het niet zelf oplossen en hij, Roelof, wel dus wat moest je dan? Uiteindelijk was hij de tijd een ietsjepietsje vergeten. Sorry jongens, sorry! Iedereen voorzien van drank en hapjes? Natuurlijk! Dat kon je wel aan Daphne overlaten!

Hij lachte, kuste Daphne in de hals en haalde een biertje voor zichzelf uit de keuken.

Nog een halfuurtje later gingen ze aan tafel.

De kinderen aten gewoon mee, dat had Ymke ze wel geleerd, maar Daphne had toch een zak diepvriespatat gehaald die ze Roelof in de handen drukte. 'Wil jij die even in de frituurpan gooien? Dat vinden ze vast lekker.'

Roelof knikte en liep naar buiten. Door het keukenraam keek Daphne hoe hij met grote, omzichtige stappen met zijn goede schoenen door de sneeuw naar de schuur liep. Ze zag hem rommelen met de frituurpan en een verlengsnoer. Zou het hem opvallen dat ze de schop ergens anders had gezet?

'Hállo, er wordt je wat gevraagd!' Ymke dook naast haar op en lachte haar plagerig toe. Ze volgde Daphnes blik naar de schuur en de uitdrukking op haar gezicht veranderde.

'Het gaat echt niet goed tussen jullie, hè?' zei ze zacht.

Daphne maakte haar blik los van het schuurtje en keek haar zus aan. 'Ymke, klinkt het gek,' zei ze, 'als ik zeg dat ik het gevoel heb dat Roelof van me af wil?'

Wanneer was dat vermoeden voor het eerst bij haar opgekomen? Ze had geen concrete aanwijzingen, alleen het onbestemde gevoel dat hun relatie gaandeweg veranderd was. Dat was natuurlijk logisch, niets bleef ooit hetzelfde en relaties al helemaal niet. Mensen veranderden, ontwikkelden zich tot persoonlijkheden die vaak niet te vergelijken waren met wie ze ooit geweest waren. De kunst was om die veranderingen te waarderen, of in elk geval te accepteren, en aansluiting te blijven zoeken bij elkaar.

Lange tijd leek dat prima te gaan, maar de laatste jaren had Daphne steeds sterker het gevoel dat Roelof zich van haar afkeerde. Vroeger had hij alles met haar gedeeld en deed hij kleurrijk verslag als hij van een beurs terugkeerde. Als zij een dagje vrij had, of ziek was, lichtte hij haar 's avonds tijdens het eten uitgebreid in over alles wat hij had meegemaakt met het personeel en de klanten.

Tegenwoordig zaten ze in een steeds zwaardere stilte tegenover elkaar. Het ging 'goed' in de winkel en de beurs met modeaccessoires was 'druk maar interessant'. Ze moest ieder stukje informatie uit hem trekken.

Natuurlijk ging ze zelf ook naar de beurs en stond zij ook regelmatig alleen met het personeel in de winkel, ze wist wel hoe het er daar aan toeging, ze miste geen belangrijke informatie als Roelof zo zwijgzaam was. Het punt was dat hij het niet meer de moeite waard leek te vinden om met haar van gedachten te wisselen. Hij leek er geen behoefte meer aan te hebben. Alsof hij ze al met een ander deelde.

De eerste keer dat die alarmerende gedachte in haar

opkwam, had ze die deels beschaamd, deels ontzet, weggedrukt. Ze had zich voorgehouden dat iedere vrouw op een bepaald punt in haar relatie er weleens van die wantrouwige gedachten op nahield, en dat dat ook goed was. Het hield je scherp, het was een teken dat je niet van plan was om in te dutten. Het hoefde natuurlijk niet per se te betekenen dat je wantrouwen gerechtvaardigd was. Roelof met een ander was een belachelijk idee. Niet omdat hij geen andere vrouw zou kunnen krijgen, integendeel zelfs, maar ze waren al zo lang samen. Een onafscheidelijk duo, vanaf de middelbare school. Daphne en Roelof, Roelof en Daphne, waar je de een zag was de ander ook. Het aantal ruzies dat ze in hun leven hadden gehad, was op één hand te tellen. Zo'n stevige, jarenlange band bracht je toch niet in gevaar?

Trouwens, ook in praktische zin waren ze aan elkaar gebonden. De zaak was van hen beiden. Ze hadden hem samen opgebouwd, er beiden evenveel in geïnvesteerd, er even zware offers voor gebracht. En de zaak betekende alles voor Roelof. Hij had er alles voor opzijgezet, de zaak was zelfs belangrijker dan het vaderschap. Hij zou dat niet in gevaar brengen door een affaire met een andere vrouw. Als het niet om hun vijfentwintigjarig verbond was, dan wel om de zaak.

Lange tijd had ze zichzelf gerustgesteld met die bezwerende gedachte, maar de laatste maanden had deze alle kracht verloren. Natuurlijk kwam dat ook omdat het niet langer alleen een vermoeden was.

Ze probeerde het gezellig te houden, babbelde er vrolijk op los met de anderen. Haar hersenen registreerden dat Roelof de helft van de tijd nauwelijks antwoord gaf, en de andere helft van de tijd veel te uitbundig deed, maar ze weigerde daar conclusies aan te verbinden. Haar mond praatte maar door. Kerstmis was gezellig, móest gezellig zijn maar ze was blij toen iedereen, laat op de avond, vertrok. Ze liet het aan Roelof over om de troep op te ruimen en liep vermoeid de trap op naar boven. In de badkamer haalde ze de klemmetjes en spelden uit haar kapsel, zodat het in vreemde, hoekige golfjes op haar schouders viel, en stapte ze uit haar feestjurk. Ze liet hem op de badkamervloer vallen zonder de moeite te nemen hem op te rapen.

Vervolgens zette ze de douche aan en spoelde de make-up, haarlak en zwaarmoedige gedachten van zich af. Toen Roelof eindelijk naar boven kwam en zich over haar heen boog, was het zeker een uur later en kon ze met alle fatsoen doen alsof ze sliep.

Ze voelde zijn lippen op haar wang en ondanks alles koesterde ze het beetje vocht en restant aan liefde dat hij achterliet op haar huid.

Op tweede kerstdag stond Roelof voor de verandering als eerste op. Om het kerstontbijt te verzorgen, dacht Daphne. Hij voelde zich natuurlijk schuldig.

Met gesloten ogen bleef ze onder het warme dekbed liggen. Ze hoorde Roelof beneden rondlopen, redderen met bordjes en theekopjes. Na een tijdje kwamen de voetstappen naar boven en zwaaide de deur open. Roelof stond in de deuropening, een dienblad in zijn handen.

'Ontbijt op bed!' zei hij opgewekt. Er stond maar één bordje, één gekookt eitje en één kopje thee op het blad.

'Ontbijt op bed? Voor mij alleen?' reageerde Daphne verbaasd.

Roelof ging op het randje van het bed zitten. 'Ik hoef niets te eten, ik zit nog vol van gisteravond,' zei hij.

'Meen je dat nou? Ik rammel alweer.' Daphne keek van het dienblad naar het raam, waar een vreemde lichtval van achter het gordijn naar binnen viel. Door een kier zag ze de sneeuw weer naar beneden vallen. 'Sneeuw!' zei ze verheugd. 'Zullen we straks lekker een flink eind gaan lopen?'

Roelof aarzelde zichtbaar.

'Wat?' zei Daphne.

'Je zult het wel niet leuk vinden,' zei Roelof, 'maar ik moet vanmiddag weer weg.'

Daphne keek hem strak aan. 'Alweer? Eerst op eerste kerstdag en nu ook op tweede kerstdag? Kan die computer van Henk echt niet even wachten?'

'Je zei zelf altijd dat je een hekel hebt aan die verplichtingen met Kerstmis,' hielp Roelof haar herinneren. 'Dat je het als een gewone zondag beschouwt. Nou, normaal gesproken zitten we op zondag toch ook niet de hele dag naast elkaar op de bank?'

'Goed,' zei Daphne mat. 'Ga dan maar, ik vermaak me

wel. Maar we kunnen toch wel een klein wandelingetje maken? Even een ommetje? Het bos is altijd zo mooi als het sneeuwt.'

Roelof knikte bedachtzaam. 'Oké, even een ommetje dan. Eet je je ontbijt snel op?'

Het bos was inderdaad prachtig met dat verse laagje sneeuw. Helemaal opgefrist kwam Daphne thuis. In de bijkeuken trok ze haar met bont gevoerde laarzen uit en hing ze haar jas aan het haakje. Ze liep op haar sokken naar de keuken en zette een kop koffie.

Ze kroop lekker op de bank en trok een fleecedeken over haar benen. Urenlang was ze verdiept in haar boek, en daarna zette ze de tv aan en keek naar *Scrooge*. De schemering viel al in toen de film afgelopen was. Ze keek op haar horloge, liep naar de keuken en warmde de restjes van het kerstdiner van de vorige avond op. Lekker makkelijk. Als het dan toch een gewone zondag was...

Met haar bord op schoot en een glas rode wijn binnen handbereik keek ze tv. Ze schrok zich wezenloos toen er op het raam werd geklopt. Vlug keek ze om en zag het gezicht van Ymke aan de andere kant van het glas.

Daphne kwam overeind en deed de voordeur open. 'Hé, wat kom jij nou doen?'

'Even met je praten.' Ymke keek haar aan met een mengeling van verbazing en bezorgdheid.

'Je opmerking van gisteravond zat me niet lekker. Ik heb het maar even laten zitten op dat moment, maar het bleef me toch bezighouden. En terecht, zie ik. Waarom zit jij op tweede kerstdag in je eentje met je bord op schoot?'

'Kom even binnen.' Daphne draaide zich om en liep de huiskamer in.

Ymke volgde haar en keek om zich heen. 'Waar is hij?'

'Weg,' antwoordde Daphne eenvoudig.

'Weg? Hoezo weg? Waar is hij nu weer naartoe?' riep Ymke.

Daphne liep naar de antieke kast, trok het laatje eruit en pakte de envelop. Zwijgend overhandigde ze hem aan Ymke. Haar zus maakte hem open en haalde het stapeltje foto's eruit.

'Wat...' begon ze, maar toen zag ze het. Sprakeloos bekeek ze iedere foto afzonderlijk, en nog een keer, en pas toen ze de foto's voor de derde keer had bestudeerd, keek ze naar Daphne. 'Wie zijn dat?' fluisterde ze.

'Zijn gezin,' zei Daphne. 'Twee meisjes, één jongetje.'

'Zijn gezin?' herhaalde Ymke in verwarring. 'En jij dan?'

Daphne haalde haar schouders op.

'Hoelang weet je dat al?' vroeg Ymke ontzet.

'Niet zo heel lang,' zei Daphne. 'Een paar weken. Maar ik had al langer het vermoeden dat er iets speelde. Hij kreeg regelmatig sms'sjes die hij las en snel wiste of ergens anders ging zitten lezen, zoals je gisteren al zei. Ik dacht dat hij een vriendin had, maar ik kon niets bewijzen. Dus heb ik op internet een privédetective opgezocht.' Ze zweeg even en beet op haar lip. 'Die man kwam er binnen de kortste keren achter dat Roelof al jaren een dubbelleven leidt,' fluisterde ze. 'Wat hij mij telkens uit het hoofd praatte, had hij al met een ander: kinderen. Drie leuke kinderen. Ze lijken precies op hem.'

Er verschenen tranen in haar ogen en Ymke sloeg snel een arm om haar heen.

'De schoft,' zei ze zacht.

'Ik wist dat hij mij zou verlaten.' Daphne veegde met haar hand over haar ogen. 'Toen hij dacht dat ik sliep heb ik hem eens afgeluisterd terwijl hij zat te telefoneren met háár. Ik hoorde hem afspreken dat hij eerste kerstdag nog met mij zou doorbrengen en dat hij de volgende dag naar haar zou gaan. Voorgoed.'

'En nu is hij weg.' Ymke keek haar vol medeleven aan. 'Lieverd, wat verschrikkelijk voor je. Kom met mij mee, ik wil niet dat je vanavond alleen thuiszit.'

'Ik wel,' zei Daphne meteen. 'Het is heel lief van je maar ik wil graag alleen zijn vanavond.'

'Je hoopt dat hij toch nog thuiskomt,' zei Ymke begrijpend.

'Hij zal toch minstens contact met me moeten opnemen,' zei Daphne. 'Hij kan toch niet zomaar weggaan en niets meer van zich laten horen?'

'Nee,' zei Ymke. 'Dat zou helemaal fraai zijn.'

Maar ze hoorde niets meer van Roelof. De hele avond niet, en 's nachts evenmin. In tegenstelling tot wat ze had gedacht, sliep Daphne goed. Pas toen het eerste ochtendlicht haar slaapkamer in viel, besefte ze dat ze echt alleen was. Ze keek naar de onbeslapen plek naast haar, naar de keurig opgevouwen pyjama op het hoofdkussen.

Ze bleef er een tijdje naar liggen kijken maar ten slotte kwam ze traag overeind. Ze sloeg het dekbed van zich af en stond op. Zonder haast kleedde ze zich aan en trok het gordijn open: nog meer sneeuw. Met een paar dikke sokken aan liep ze naar beneden. Jackie begroette haar kwispelstaartend.

Daphne hurkte en knuffelde de hond.

'Dag lieverd,' zei ze warm. 'Gelukkig ben jij nog blij om me te zien. Ga je mee naar buiten? Moet je zien wat een pak sneeuw er ligt!'

Jackie blafte enthousiast, alsof hij ieder woord begreep.

Daphne trok haar jas en laarzen aan, opende de deur en liet Jackie naar buiten rennen. In een wat rustiger tempo volgde ze hem. Het was nog vroeg, zelfs de kinderen uit de buurt waren nog niet buiten.

Ze liep de straat uit en sloeg het pad naar het bos in. De bomen begroetten haar met hangende takken, alsof ze zich over haar wilden ontfermen. De serene rust die de witte wereld uitstraalde werkte kalmerend en zuiverend.

Desondanks liep Daphne met zware, moeizame stappen voort en voelde ze de tranen over haar gezicht lopen. Automatisch, als buiten haar eigen wil om, brachten haar voeten haar naar de kuil in het bos. Ze wrong zich tussen de struiken door, steeds dieper het bos in. En toen stond ze er. Ze zag aan de open plek dat ze er moest zijn, want de kuil was er niet langer. Hij was dichtgegooid. Jackie liep eromheen en snuffelde wat in het rond.

Lange tijd bleef Daphne staan en staarde naar het graf, dat bedekt was met een lijkwade van sneeuw. Een week geleden had ze het met veel moeite gegraven, stukje bij beetje, tot het klaar was om aan Roelof te laten zien. Maar zelfs die openlijke waarschuwing had hem niet tot inkeer gebracht.

'Nee Roelof,' zei ze halfluid, 'ik geloof niet dat alle zonden je worden vergeven. In ieder geval niet door mij.'

Ze draaide zich om en de neerdwarrelende sneeuw vulde de voetsporen op die ze achterliet toen ze wegliep.

Dankwoord bij *De ooggetuige*

Tijdens het schrijven van dit boekje heb ik veel hulp ontvangen. Graag wil ik de mensen van revalidatiecentrum Visio Het Loo Erf in Apeldoorn bedanken voor de gastvrije ontvangst en alle informatie die ze me hebben gegeven.

Ook heb ik veel gehad aan de mailwisseling met Amy Pikaar. Silvia Beljon heeft me zoals altijd geholpen de laatste foutjes in de drukproef op te sporen.

Adrie de Winter, oogarts in het Spaarne Ziekenhuis, wil ik graag bedanken voor zijn antwoorden op mijn vragen over oogaandoeningen.

Een speciaal dankwoord gaat uit naar Annemiek van Munster, die me haar boek +23 heeft toegestuurd en me heeft rondgeleid in de wereld van slechtziendheid. Zonder haar hulp had ik *De ooggetuige* niet op deze manier kunnen schrijven.

Tot slot wil ik het team van Anthos bedanken voor hun enthousiasme en inzet waarmee dit boekje mede tot stand is gekomen.

Nawoord bij *Het bosgraf*

Dit verhaal stond in een kortere versie eerder in *Libelle*. Speciaal voor de reeks Literaire Juweeltjes herschreef Simone van der Vlugt het tot een langer verhaal.